그대가 내게 묻는다면

특별히______________님께
이 소중한 책을 드립니다.

그대가 내게 묻는다면

크리스천 이라면
꼭 알아야 할 12가지

이찬용 목사 지음

나침반

누군가 나에게 물었다

누군가 나에게 물었다. 시가 뭐냐고
나는 시인이 못됨으로 잘 모른다고 대답하였다.
무교동과 종로와 명동과 남산과
서울역 앞을 걸었다.
저녁녘 남대문 시장 안에서
빈대떡을 먹을 때 생각나고 있었다.
그런 사람들이
엄청난 고생 되어도
순하고 명랑하고 맘 좋고 인정이
있으므로 슬기롭게 사는 사람들이
그런 사람들이
이 세상에서 알파이고
고귀한 인류이고
영원한 광명이고
다름 아닌 시인이라고 +-김종삼 시인

　　김종삼의 시 〈누군가 나에게 물었다〉는 시가 뭐냐고 묻는 사
람에게 시인은 "나는 시인이 못됨으로 잘 모른다고 대답하였다"

라고 말한다.

시인이면서도 아직도 시를 잘 모르겠다는 김종삼 시인의 겸손함.

또 그는 “저녁녘 남대문 시장 안에서 빈대떡을 먹으며 엄청난 고생을 해도 순하고 명랑하고 맘 좋고 인정이 있는 그런 모든 사람들이 시인 아니겠는가”라고 말한다.

내가 목회하는 부천성만교회의 모습을 보면서 혹자는 “이벤트 잘하는 교회”, “행사 많은 교회”라고 한다. 나는 이 말을 몇 번인가 듣고 끌탕을 한 적이 있었다.

사실 ‘이벤트’, ‘프로그램’ 이런 말들을 난 별로 좋아하지 않는다.

그럼에도 우리 교회는 이벤트 하는 교회가 되어가고 있었다.

그러던 중 언젠가 내 맘속에 ‘우리 교회가 이런 모습의 교회가 된 것은 신학적, 성경적인 배경이 이런 겁니다’ 하고 우리 성도들에게도, 우리에게 질문하는 누군가에게도 대답해야겠다는 생각이 자연스럽게 들기 시작했다.

그동안 내가 고백한 신앙은 “예수님은 동정녀 마리아에게 나시고, 말씀이 육신이 되신 분이시고, 우리 죄를 위해 사흘 만에 다시 살아나신 분이시며, 다른 이로써는 구원 받지 못하고 오직 이 천년 전의 그 예수님만이 나의 구주입니다”였다.

지금도 이 고백은 동일하지만, 성경을 읽어가면서 예수님 스스로가 "나는 이런 구주란다"라고 내게 말을 걸어오기 시작했다.

　우리는 믿음으로 구원을 얻는다고 들었고, 그래서 믿고 있다. 물론 이 고백은 지금도 유효하다
　그런데 왜 꼭 '믿음'이라는 수단을 사용해서 구원에 이르게 하시는가? 하는 질문에 대한 명쾌한 답이 내겐 필요했다.
　어느 순간 성경과 내가 읽은 여러 책들이 내게 "왜 구원의 수단이 믿음인가?"를 가르쳐 주었다.

　요즘처럼 사방에서 교회가 공격을 받았던 시대가 있었나 싶을 정도로 교회는 난도질을 당하고 있다. 물론 교회의 부족함이 있기도 하지만, 성경이 말하는 교회는 어떤 교회이고, 우리 믿는 이들은 교회에 대해 어떤 태도를 취해야 마땅한 것인가? 바울은 "그리스도는 교회의 몸입니다"라는 단어를 사용한다. 물론 우리도 그 고백을 한다. 하지만 바울의 고백은 굉장한 무게감이 있는 반면 우리의 교회에 대한 이해는 얼마나 얄팍한가? 이 문제에 대해 성경이 내게 말을 걸어오고 있었고, 그 질문에 대한 나름대로 성경적인 교회론을 확고부동하게 갖게 되었다.

　이런저런 내용들을 다듬어 설교했고, 그 내용들을 모아보니 제법 분량이 많아졌다.
　교사들에게 이런 내용들을 가르쳐서 기초 신앙을 확립시켜 주다 보니, 구역장들도 필요를 느끼게 되었고, 일반 성도들 또한

이런 내용들에 대한 분명한 신학적 성경적 기초들만 갖고 있다면 하나님의 교회나 신천지 등 이단들의 공격에도 넘어가지 않고, 미디어 등 여러 매체들이 공격하는 교회에 대해서도 흔들리지 않는 믿음으로 헌신하는 모습들을 보게 되었다.

〈누군가 나에게 물었다〉라는 김종삼의 시는……

누군가 내게 신앙의 기초에 대해 묻는 사람들에게 아마 똑같이 대답할 것 같다.

신앙, 하나님에 대해 우리가 어떻게 다 아느냐고, 그렇지만 '성경은 우리들에게 이렇게 말하고 있습니다'라는 말을 해주고 싶었고, 이런 내용들을 간추려 감히 세상 앞에 내어 놓는다.

늘 하는 고백이지만

우리는 한번 죽으면 끝난다. 한번 죽는 것은 정한 이치요 이후에는 심판이 있을 뿐임을 난 분명히 믿고 고백하고 있다.

그렇지만 만일 내가 다시 태어난다면 난 또 목회자의 길을 걸을 것이고, 그 목회를 성만교회에서 하고 싶다…… 물론 가능성은 0.00001%도 없는 말이다. 그만큼 난 행복한 목회자의 길을 걸어왔다. 크고 화려하진 않지만, 순하고 명랑하고 맘 좋고 인정이 있는 성도들이 늘 내 곁에 있었고, 그분들이 목회의 동역자가 되어 주었다.

개척 이후 24년이 지나가고 있지만, 언제나 내 곁에 든든하고 한결같은 동역자로 서 있는 성도들이 고맙다.

목회자의 아내로 살아간다는 게 그리 쉬운 것도 아닌데 언제나 내 편이 되어준 아내, 많은 시간을 내어주지 못해 항상 미안한 두 딸 지혜, 예현이에게도 고마운 마음을 전한다.

주님 때문에 난 늘 행복한 목회를 하고 있기에, 그분 앞에선 언제나 할말이 없는 부족한 죄인이자 종임을 고백한다. 그분의 은혜에 제대로 보답하지 못하는 나의 모습을 보기 때문이다.

모쪼록 이 책을 읽는 모든 분들에게 신앙의 기초에 조금이라도 꼭 도움이 되기를 바란다.

바른 믿음의 길을 묻는 이들을 위해

이찬용

1

예수님은 누구신가?

우리가 믿는 예수님은 어떤 분이신가? 동정녀 마리아에게서 태어나 가슴에 안겨 있는 분? 아버지 요셉과 어머니 마리아 사이에서 성령으로 잉태 되신 분? 우리 죄를 사하기 위해 오신 어린 양? 그분을 마음으로 믿고 입으로 시인해서 구원 받게 되는 것? 우리는 지금까지 이런 신앙의 예수님을 믿고 있었다. 물론 틀린 건 아니다. 하지만 좀 더 우리 손에 확실히 잡히는 신앙고백으로서의 예수님의 모습은 어떤 모습인가? 예수님은 스스로 '나는 이런 메시아란다'라고 마태복음 8~9장에서 '자기 계시'로서 말씀하고 계심을 아는가?

"**예수님은** 시퍼렇게 살아 계십니다."

장학봉 목사님이 담임하는 하남에 있는 성안교회의 한 권사님의 고백입니다.

교회가 건축을 준비하던 당시 헌금을 너무 하고 싶은데 돈이 없어서 가지고 있던 모피 코트를 팔려고 하던 권사님이 계셨습니다. 그런데 갑자기 이 권사님에게 모르는 사람이 전화가 와서는 남편 명의로 경기도 김포의 넓은 땅이 상속되었다는 말을 합니다. 남편이 말하지 않은 땅이 있었고, 이미 아파트가 들어가 있어 공탁이 걸려 있는 땅을 찾게 된 것입니다. 땅을 처분한 뒤에 건축헌금을 가져온 권사님은 이렇게 빙긋이 웃으며 물었습니다.

"목사님은 하나님이 살아 계신 것을 믿지요?"

그분은 하나님은 그냥 살아 계신 분이 아니라 시퍼렇게 살아 계시다면서 함박웃음을 지었답니다.

"당신이 믿는 예수님은 어떤 분이십니까?

'예수님이 누구신가?'에 대해서 사람들은 전혀 다른 여러 생각을 가지고 있습니다. 그렇다면 믿는 사람들 사이에서는 어떨까요?

똑같이 예수님을 믿는 사람들도 어떤 분은 위 간증처럼 "시퍼렇게 살아 계신다"고 고백하는 분도 있을 것이고, 혹은 대놓고 말은 못하지만 "살아 계시는 것 같긴 한데… 아직 잘 모르겠다"라고 생각하는 분도 계실 것입니다. 그래서 저는 먼저 당신이 생각하는 예수님은 누구신지, 또 정말 지금도 살아 계신다고 생각을 하는지 솔직한 생각을 묻고 싶습니다.

저는 이 질문을 성도들에게 신앙의 시작이라고 가르칩니다. 예수님의 실존을 인정할 때 역사가 B.C.와 A.D.로 나눠지고, 예수님의 신성을 믿을 때 죽음이 끝인 사람과 시작인 사람으로 나눠지고, 또 예수님의 말씀이 진리임을 인정할 때 성경대로 사는 사람과 세상의 방식대로 사는 사람이 나눠집니다.

누군가는 '예수님이 존재하지 않는다'라고 하고, 누구는 '혁명을 꿈꾸던 선동가', 또 다른 누구는 '4대 성인' 중의 한 분이라고 말하기도 합니다. 그렇다면 이 예수님은 과연 누구이며, 이 예수님은 어떤 분이 되십니까?

이 질문에 분명히 대답을 하지 못한다면, 설령 지금 교회를 다니고 있다고 하더라도, 모태신앙으로 자라 한 번도 교회를 떠난 적이 없다 하더라도 '내가 정말로 예수님을 믿고 있는가?'라는 생각을 해봐야 합니다.

우리 교회에서 제가 이렇게 설교한다고 해서 성도들 100%가 예수님을 믿는다고 저는 생각하지 않습니다. 교회 다니면 다 하나님 잘 믿습니까? 그냥 교회 생활을 오래해서 종교가 익숙한 사람들도 꽤나 많을 것입니다. 그 예수님이 세상에 오셔서 직접 말씀을 전할 때도 믿지 않는 사람이 훨씬 많았고, 믿는 사람 중에서도 잘못 믿는 사람들이 있었습니다. 그래서 이런 사람들을 '양과 염소', '알곡과 쭉정이'로 예수님은 표현하셨습니다.

예수님이 누구신지, 또 그 예수님이 나에게 어떤 의미인지를 정확히 모르는 사람은 교회에서 종교생활을 아무리 열심히 한다 해도 그 안에 예수님이 없는 사람입니다. 이런 사람을 저는 그리스도인이 아니라 종교인이라고 표현하는데, 이런 사람이 교회를 다니다 보면 어떤 직책에 오르게 되고 리더가 되는데, 그런 사람이 많을수록 골치 아픈 일들이 정말 많이 생깁니다. 그래서 우리는 먼저 예수님이 누구인지, 어떤 일을 행하시는 분인지를 알아야 하고, 나는 그 예수님을 분명히 경험하고 체험했는지에 대한 확신이 있어야 합니다. 그러나 그렇다고 무슨 신학자들처럼 학구적이고 논리적으로 예수님에 대한 모든 것을 알아야 한다는 뜻은 아닙니다.

저희 교회에 거의 여든이 되신 서 권사님이란 분이 계십니다. 지팡이를 안 짚으면 밖에 나오기도 힘드신 분인데도 새벽예배도 빠지지 않고 매일 나오십니다. 그런데 이분의 두 아들 중 큰 아들은 사업을 하다 아주 쫄딱 망했습니다. 인천의 좋은 아파트에서 살다가 초라한 월셋집에서 힘들어하는 아들을 매일 보다 보니까 권사님이 그만 우울증에 걸렸는데, 사람도 만나기 싫고 매일 드는 생각이 '내 인생이 다 늙어서 이게 뭔가, 어떻게 하면 안 힘들게 빨리 죽을까?' 생각밖에 없었다고 합니다. 그래서 밥도 안 먹고, 잠도 잘 안 주무시고 눈만 껌벅껌벅 거리면서 시간을 보내시다가 이 소식을 들은 먼 사돈분 한 분이 안양에 있는 기도원에 권사님을 모셔다 놓고 집으로 가버렸습니다.

권사님은 기도원에서 집으로 갈 돈도 없어서 그냥 거기서 한 달이나 있었습니다. 어차피 다 믿는 사람들이니까 사정을 말하고 돈 좀 빌려서 돌아올 법도 한데 말을 꺼내기가 어려우셨는지 그냥 주구장창 기도원에 계속 계셨습니다. 그런데 놀랍게도 그러다 거기서 하나님을 만나는 역사를 체험하게 됩니다. 그 이후로 교회 나오고 신앙생활 하시는데 얼굴이 완전 달라지신 것이 제 눈에도 보였습니다. 그렇게 거동이 어려우시면서도 새벽 예배 한 번을 안 빠지고 나오시는데 그것도 억지로 막 힘들어서 나오는 것이 아니라 얼굴에 너무나 기쁨이 넘쳤습니다. 그래서 도대체 무슨 일이 있었는지 제가 찾아가서 대화를 좀 나눴는데, 그때 이 분이 저에게 예수님에 대해서 하신 말씀이 하나 있습니다.

"목사님, 저 솔직히 예수님 잘 모르고 성경 잘 몰라요.
그런데 분명히 아는 네 가지가 있어요.
첫째, 하나님이 세상을 창조하셨다는 것을 믿습니다.
둘째, 예수님은 우리를 위해, 즉 죄 많고 흠 많은 나를 위해 죽으셨습니다.
셋째, 그래서 예수님이 저를 돕지 않으면 저는 살 수가 없습니다.
넷째, 기도하지 않으면 난 죽습니다."

저는 이 말을 듣고 '권사님이 정말로 예수님을 만났구나. 그것도 그냥 만난 것이 아니라 제대로 만나셨구나'라는 사실을 알 수 있었습니다. 가끔 예수님을 늦게 만난 분들을 보면 기쁨을 아는 그 특유의 표정이 있는데, 그 표정이 이 권사님 얼굴에서 그때부터 지금까지 떠나질 않으십니다. 지금도 작은 임대아파트에서 빚 갚으면서 사는데 좋은 일이 뭐가 있겠습니까? 그런데 예수님이 누구인지 알고 믿게 되면 이런 일들이 저절로 일어나게 됩니다.

성경을 아무리 많이 알고 공부해도 예수님이 어떤 분이신지에 제대로 알지 못하고 또 믿지 못하면 신앙은 시작할 수가 없습니다.

세상은 예수님을 뭐라고 말하고 있습니다.

그리고 성경이 말하는 예수님은 어떤 분이십니까?

나는 예수님을 어떤 분으로 알고 또 믿는가? 이런 질문들을 통해 예수님이란 분의 실체를 제대로 이해하고, 또 내 삶 속에서 분명히 경험하고 기쁨의 고백이 나와야만 예수님을 진정으로 알고 또 믿는 그리스도인이라고 말할 수 있습니다.

세상이 말하는 예수님

먼저 세상이 말하는 예수님은 어떤 분인지 알아보겠습니다.

만약 주위 열 사람에게 예수님이 어떤 분인지 묻는다면 열 사람 모두 대답이 다를 것입니다.

마태복음 16장에도 빌립보에서 예수님이 제자들에게 묻습니다. 지금 식으로 말하면 "야, 사람들이 도대체 나에 대해서 뭐라고 하니?"라고 물으신 것입니다.

그러자 제자들이 '엘리야, 예레미야, 선지자 중의 하나…' 뭐 이런 식으로 쭉 얘기를 합니다. 당시 사람들은 예수님이 하신 놀라운 이적과 말씀들을 분명히 목격했기에 예수님을 사기꾼이라고 말할 수는 없었습니다. 그래서 자기들이 아는 대단한 사람들을 줄줄이 댔지만 사실 이 대답이 맞는 것은 아니었습니다. 그러나 예수님의 놀라운 이적과 말씀을 지금은 직접 볼 수 없는 시대이기 때문에 지금 사람들에게 만약 똑같은 질문을 한다면 대부분 다음의 세 가지 중에서 대답을 할 것입니다.

1. 존재하지 않았던 사람

리 스트로벨은 명문대 법학과를 졸업해 시카고 트리뷴지에 최연소로 입사를 한 엘리트입니다. 세간의 주목을 받으며 입사를 한 뒤에도 뛰어난 취재력을 바탕으로 특종을 계속 터트리며 승승장구를 했는데, 어느 날 자기 아내가 교회를 다닌다는 청천벽력과도 같은 소문을 들었습니다. '눈에 보이는 것만이 실재'이며 '사실을 통해서만 진실로 갈 수 있다'고 생각한 리에게 예수님이란 존재하지 않는 허상이며, 교회를 다니는 사람들은 모두 심리적 안정을 갈구하는 무지몽매한 사람이었습니다. 그런데 자기 아내가 교회를 나간다니 얼마나 답답했겠습니까?

결국 그는 자신의 특기를 살려서 예수님은 존재하지 않았으며 성경에 나오는 것이 모두 거짓이라는 사실을 증명해 아내의 맘을 돌리려 취재를 시작했습니다. 그러나 취재를 하면 할수록 예수님의 존재와 성경 말씀이 진실이라는 것이 드러났습니다. 결국 그는 예수님을 믿게 됐고 이제는 대학에서 기독교 사상을 가르치는 교수로, 우들랜즈 교회에서 말씀을 전하는 목사님이 됐습니다. 그리고 자신이 조사한 내용을 담아 《예수는 역사다》

라는 제목의 책을 내어 베스트셀러가 됐고, 동시에 이 스토리가 같은 제목으로 영화화까지 됐습니다.

예수님을 알지 못하는 많은 사람들이 예수님을 존재하지 않았던 신화적 존재로 생각합니다. 어떤 사람들은 예수님을 믿는다면 제우스를 믿지 못할 이유도 없다고 말을 합니다. 그러나 정말로 역사를 알고 성경을 제대로 공부한 사람들은 절대로 예수님이 존재하지 않았던 사람이라고는 말할 수 없습니다. 그만큼 확고부동한 증거가 이미 산재해 있기 때문입니다. 기독교를 극렬하게 공격하는 무신론자들조차 예수님의 존재를 의심하는 사람들은 없습니다. 무신론자든 그리스도인이든 예수님의 존재 자체를 부정할 순 없습니다.

2. 혁명가나 사기꾼

파스칼은 중세시대에 기독교를 변증하며 수많은 무신론자들과 토론을 벌였습니다. 그중에 가장 많이 받은 공격 중 하나가 '예수님은 신의 아들이 아니라 단순한 사기꾼이나 기껏해야 체재를 전복시키려는 혁명가이다'라는 것이었습니다. 그러다 실패한 것이 십자가의 죽음이고 이것을 제자들이 교묘하게 이용해서 예수님을 신의 아들로 만들고 자신들이 이득을 취했다는 주장이었습니다. 파스칼은 이런 주장을 어리석은 생각이라고 평가

하며 '팡세'에 다음과 같이 그 이유를 적었습니다.

"세상 모든 사람들의 마음은 안위와 안전을 좇아 흐르기 마련입니다. 누가 시키지도 않았는데 알아서 힘든 일을 하려는 사람은 아무도 없습니다. 심지어 당시 상황에서 열두 제자들은 예수님을 부인하기만 하면 많은 부와 명예를 얻을 수 있을 기회도 있었을 것입니다. 그러나 그런 높은 자리와 돈을 포기하고 그들은 예수님을 따랐습니다. 그렇게 얻은 것이 무엇입니까?

극도의 가난과 모진 고문, 심지어 순교입니다. 예수님이 신의 아들이 아니라고 생각했다면 그토록 가까이서 모든 것을 봤던 제자들이 도대체 무엇 때문에 왜 목숨까지 바쳐가며 그 사실을 전했다고 생각하십니까? 그리고 예수님에 대해서 가장 잘 알려진 당시 시대에 이와 비슷한 선택을 한 사람들이 왜 그리 많았을까요?"

신약성경과 역사서에 나오는 예수님의 몇몇 모습들만 놓고 보면 이런 식으로 해석도 가능할지 모릅니다. 그러나 구약의 예언과 예수님이 스스로 말씀하신 자기 계시들을 살펴보면 절대로 이들의 주장처럼 예수님은 선동가나 혁명가, 혹은 사기꾼이 아니었습니다.

예수님이 사기꾼이었다면 그 당시 유대교 종교지도자들이 가만히 둘리 없었으며, 사람들이 그렇게 많이 따르지 못했을 것입니다. 예수님이 혁명을 일으키려 했다면 오병이어 기적 때처럼 사람들을 얼마든지 모으셨을 수 있지만 오히려 이 사람들은 예수님이 왕이 되려 하지 않는다고 실망해 떠나간 사람들도 많았습니다. 그것은 제자들도 마찬가지입니다. 이처럼 한 단편을 가지고 추측을 할 수 있을지 모르지만 예수님의 전 생애와 구약의 예언, 그리고 예수님의 말씀을 보면 예수님은 하나님의 아들로 이 세상에 오신 구세주가 분명하다고 말할 수밖에 없습니다. 적어도 성경에 나온 예수님의 모습은 그렇습니다.

3. 성인이나 철학자

오쇼 라즈니쉬는 '현대의 깨달은 스승'이라고 불리는 선의 대가입니다.

그는 뛰어난 학식과 언변으로 하버드와 같은 여러 명문대에서도 자신이 깨달은 진리와 다양한 철학과 종교에 대해서 열띤 강론을 했는데, 그때마다 누군가 예수님과 기독교에 대해서 물으면 항상 이런 말을 했다고 합니다.

"성경에는 예수님이 30살이 되기 전의 이야기가 나오지 않습니다. 그러나 저는 예수님이 그때까지 인도에 있었다고 확신합니다. 성경에 나오는 많은 비유와 사상들은 인도의 고대 철학과 거의 비슷한 부분이 많습니다. 예수님은 인도에서 수행을 통해 깨달음을 얻었고 그것을 이스라엘에 가서 전파한 것입니다."

한마디로 예수님을 부처나 크리슈나와 같은 다른 깨달음을 얻었다고 일컬어지는 사람들과 같은 부류로 생각한 것입니다. 또 많은 서양 철학자들은 예수님이 열두 제자를 거느린 것과 성찬의 의식, 그리고 부활과 같은 개념들이 그리스의 고대 종교 조로아스터교와 매우 닮아 있어 영향을 받지 않았을까 생각하기도 합니다.

그러면 제가 여기서 이전의 질문을 다시 한 번 던지겠습니다.
"당신은 예수님이 어떤 분이라고 생각하십니까?"
아까 언급했던 마태복음 16장으로 다시 돌아가 보면 예수님이 제자들에게 "사람들이 도대체 나를 뭐라고 말하던?"이라고 물으신 모습이 나옵니다. 그러자 제자들이 "사람들이요~" 하면서 들은 얘기들을 쭉 합니다. 이 말을 들은 예수님은 다시 질문을 던지셨습니다.
"그래? 그러면 너희는 나를 뭐(누구)라고 생각하는데?"
이때 베드로가 수제자다운 모습으로 단박에 정답을 말합니다.
"주는 그리스도시요, 살아 계신 하나님의 아들이십니다."

그런데 이 대답은 결코 단순한 대답이 아닙니다. 그리스도란 '기름 부음을 받은 자'라는 뜻인데 기름 부음을 받은 직분은 '왕, 선지자, 제사장' 딱 3부류뿐입니다. 결국 '주(예수)는 그리스도(구세주)라는 고백은 모든 걸 다스리는 '왕'이시자, 길을 알려주는 '선지자', 죄를 사해주는 '제사장'이라는 고백이 담겨 있습니다. 우리가 '주는 그리스도입니다'라는 말을 할 때마다 '주는 모든 것을 통치하시는 분입니다. 모든 길을 알려주시는 분입니다. 우리 죄를 사해주시는 분입니다'라는 고백이 담겨 있습니다. 세상이 말하는 존재하지도 않았던 분, 철학자나 깨달음을 얻은 현명한 사람이 아니라는 말입니다. 정말로 그런 마음으로 주를 그리스도이자 하나님의 아들이라고 고백을 하셨습니까?

성경이 말하는 예수님

1. 우리의 육체는 치료하시는 분(마8:1-17)
2. 자연 만물을 다스리시는 분(마8:23-27)
3. 귀신을 쫓아내는 영적 세계의 왕(마8:28-34)
4. 삶을 치료하시는 의사(마9:12)
5. 우리에게 참된 기쁨을 주시는 분이십니다.
   (마9:14-17)

그러면 이제 그리스도이신 예수님을 제대로 알고 고백할 때 우리가 과연 어떤 주 예수 그리스도를 알게 되고 또 체험하게 되는지 하나님의 말씀이 기록된 성경을 통해 살펴보겠습니다.

1. 고치고 회복시키시는 창조주

마태복음 8장과 9장의 말씀은 일종의 예수님의 자기계시(소개)라고 볼 수 있습니다. 이 말은, 즉 '나는 이런 메시아야'라는 뜻이 담겨져 있는 장입니다. 이 시각을 가지고 이 장을 볼 때 조금 특별한 시선으로 말씀을 바라볼 수 있게 됩니다.

먼저 마태복음 8장 1절부터 4절을 보겠습니다.

"예수께서 산에서 내려오시니 수많은 무리가 따르니라 한 나병환자가 나아와 절하며 이르되 주여 원하시면 저를 깨끗하게 하실 수 있나이다 하거늘 예수께서 손을 내밀어 그에게 대시며 이르시되 내가 원하노니 깨끗함을 받으라 하시니 즉시 그의 나병이 깨끗하여진지라 예수께서 이르시되 삼가 아무에게도 이르지 말고 다만 가서 제사장에게 네 몸을 보이고 모세가 명한 예물을 드려 그들에게 입증하라 하시니라"

여기서 예수님은 문둥병자를 고치십니다. 그리고 이어서 5절부터 13절까지는 백부장의 하인의 병을 고치십니다. 이 장에서 문둥병은 유대인을 대표하고 백부장은 이방인(유대인 외의 사람)을 대표합니다. 문둥병은 반역과 불순종으로 생기기에 유대인을 대표로 하고, 백부장은 이방인을 대표합니다. 그런데 모두 예수님이 고쳐주셨죠? 그래서 예수님은 유대인의 구세주가 아니라 이방인을 포함한 모든 인류의 구세주가 되시는 분입니다. 그리고 계속해서 14절부터 17절을 보겠습니다.

"예수께서 베드로의 집에 들어가사 그의 장모가 열병으로 앓아 누운 것을 보시고 그의 손을 만지시니 열병이 떠나가고 여인이 일어나서 예수께 수종들더라 저물매 사람들이 귀신 들린 자를 많이 데리고 예수께 오거늘 예수께서 말씀으로 귀신들을 쫓아내시고 병든 자들을 다 고치시니 이는 선지자 이사야를 통하여 하신 말씀에 우리의 연약한 것을 친히 담당하시고 병을 짊어지셨도다 함을 이루려 하심이더라"

열병은 우리 몸의 정상 체온보다 온도가 높아서 생기는 병, 즉 비정상적인 것을 뜻합니다. 이 병을 낫게 하신 예수님은 바로 우리들의 비정상적인 모든 것을 고치시는 주님이기도 합니다. 한번 우리가 살고 있는 주변상황을 잠시만 생각해봅시다. 우리들이 살고 있는 이 사회가 정상입니까? 우리 아이들이 살고 있는 사회가 정상적인 사회인가요?

제가 C국에 선교 때문에 가서 들어보니까 5%의 상류층과 95%의 빈민층이 산다는데 이게 정상이라고 볼 수 있습니까? 우리나라도 뭐 별 다를 것 없습니다. 있는 자는 더 가지려고 악착을 떠는 사회 아니에요? 이런 비정상적인 것을 정상적인 것으로, 몸과 마음의 모든 질병을 예수님은 고치십니다, 모든 비정상적인 것을 정상적인 것으로 고치는 분입니다. 예수님은 육체를 갖고 오셨고 우리의 육체를 치료하는 왕이십니다.

그런데 이런 예수님을 싫어하는 무리들이 있습니다.

18절부터 22절까지입니다.

"예수께서 무리가 자기를 에워싸는 것을 보시고 건너편으로 가기를 명하시니라 한 서기관이 나아와 예수께 아뢰되 선생님이여 어디로 가시든지 저는 따르리이다 예수께서 이르시되 여우도 굴이 있고 공중의 새도 거처가 있으되 인자는 머리 둘 곳이 없다 하시더라 제자 중에 또 한 사람이 이르되 주여 내가 먼저 가서 내 아버지를 장사하게 허락하옵소서 예수께서 이르시되 죽은 자들이 그들의 죽은 자들을 장사하게 하고 너는 나를 따르라 하시니라"

저 한번 따라서 합시다.

"예수님은 계산하거나 변명하는 사람을 좋아하지 않으십니다."

머리가 똑똑하니까 '예수님 따라다니면 오병이어 기적도 일으키고 죽은 자도 살리고 복 받겠다' 생각할 수도 있지만 예수님 따르는데, 예수님께서 평탄만을 약속하지 않았어요. 예수님 잘 믿으면 뭐 만사형통합니까? 그렇지 않단 말입니다. 대가를 고려해야 합니다. 근데 그걸 고려하지 않았어요. 한 사람은 "따르겠는데 우리 아버지 장사만 하고 따르겠습니다" 변명하고 핑계합니다. 예수님은 계산 잘하는 사람, 변명이나 핑계에 능한 사람을 좋아하지 않습니다.

그리고 23절부터 27절까지는 바람과 바다를 잠잠하게 하시지요.

"배에 오르시매 제자들이 따랐더니 바다에 큰 놀이 일어나 배가 물결에 덮이게 되었으되 예수께서는 주무시는지라 그 제자들이 나아와 깨우며 이르되 주여 구원하소서 우리가 죽겠나이다 예수께서 이르시되 어찌하여 무서워하느냐 믿음이 작은 자들아 하시고 곧 일어나사 바람과 바다를 꾸짖으시니 아주 잔잔하게 되거늘 그 사람들이 놀랍게 여겨 이르되 이이가 어떠한 사람이기에 바람과 바다도 순종하는가 하더라"

집마다 지은 사람이 있고, 물건마다 만든 사람이 있듯이 모든 만물을 창조하신 분은 하나님이십니다. 할렐루야! 바람과 바다를 잠잠하게 하시면서 '나는 자연 만물을 지배하는 왕'이라는 것을 보여주시고, 수많은 예표로 질병을 고치시면서 비정상적인 것을 정상적인 것으로 만드시는 치유의 예수님이심을 보여주셨습니다.

이 구절 다음인 28절부터 마지막 절에는 귀신을 쫓아내시는 예수님이 나옵니다. 자연 만물을 다스리는 왕이시기에 귀신까지도 그 명령에 복종할 수밖에 없습니다.

> "또 예수께서 건너편 가다라 지방에 가시매 귀신 들린 자 둘이 무덤 사이에서 나와 예수를 만나니 그들은 몹시 사나워 아무도 그 길로 지나갈 수 없을 지경이더라 이에 그들이 소리 질러 이르되 하나님의 아들이여 우리가 당신과 무슨 상관이 있나이까 때가 이르기 전에 우리를 괴롭게 하려고 여기 오셨나이까 하더니 마침 멀리서 많은 돼지 떼가 먹고 있는지라 귀신들이 예수께 간구하여 이르되 만일 우리를 쫓아내시려면 돼지 떼에 들여보내 주소서 하니 그들에게 가라 하시니 귀신들이 나와서 돼지에게로 들어가는지라 온 떼가 비탈로 내리달아 바다에 들어가서 물에서 몰사하거늘 치던 자들이 달아나 시내에 들어가 이 모든 일과 귀신 들린 자의 일을 고하니 온 시내가 예수를 만나려고 나가서 보고 그 지방에서 떠나시기를 간구하더라"

우리는 '귀신' 그러면 전설따라 삼천리를 하도 보고 듣고 해서 '히히히' 이것만 생각합니다. 영적인 원수인 귀신은, 2천 년 전에 있었던 귀신은 오늘날도, 주님 오실 때까지 여전히 있을 것입니다.

어느 날 새벽, 한창 새벽기도를 준비 중이었는데 교회로 전화 한 통이 걸려왔습니다.
"여보세요, 혹시 이찬용 목사님이세요?"
잔뜩 겁에 질려 있는 어린 남학생의 목소리였습니다.
"목사님, 빨리 여기로 좀 와 주세요! 제 친구가 목사님을 찾아요! 제발요!"
일단 아이를 진정시키고 자초지종을 들어보니 고등학교 3학년 자기 친구가 갑자기 노인 목소리를 내면서 이상해졌다는 겁니다. 힘은 또 어찌나 센지 자물쇠로 잠겨 있는 상가 샤시를 맨손으로 뜯어낼 정도여서 혼자 힘으로 막을 수가 없는 상황이라고 했습니다. 그 와중에 순간순간 제정신이 돌아왔는데, 그때마다 자기를 성만교회 이찬용 목사님께 데려가 달라고 부탁을 하고 있다고 말했습니다. 그래서 전화번호를 찾아 급히 저에게 전화를 한 것이었습니다. 제가 상황을 듣고 보니 영락없이 귀신이 들린 것이었습니다.

그 귀신 들린 고등학생은 당시 우리 교회 청년을 따라 우리 교회를 몇 번 와본 사촌동생이었습니다. 저는 지금 예배를 준비해야 되고 상황을 보니 그 친구가 교회로 오는 것이 좋을 것 같다고 설득을 했고, 귀신들린 학생은 가족들의 도움으로 겨우 교회까지 왔습니다. 그런데 교회 문 앞에 서자 갑자기 눈이 뒤집히고 노인의 목소리를 다시 내면서 들어가지 않겠다고 바득바득 버텼습니다. 저는 예수의 이름으로 귀신이 떠나기를 명했고, 그학생은 힘없이 푹 쓰러졌다가 잠시 후 귀신이 떠난 온전한 모습으로 돌아왔습니다. 그리고 그 이후에는 다시는 그런 일이 일어나지 않고 평범하게 잘 살고 있습니다.

귀신이요? 분명히 존재합니다. 그렇다면 이 학생에게 들린 귀신은 누가 쫓았나요? 저요? 아닙니다. 예수님이 하셨습니다.

예수님 어떤 분이십니까? **질병을 치유하시고,** 비정상적인 것을 정상적으로 만드시고, 바람과 바다를 잠잠하게 하시고, 영적인 귀신을 쫓아내는 왕이십니다.

그리고 9장 1절부터 8절까지는 중풍병자가 나옵니다. 그런데 어쩌면 "너희는 나를 뭐라고 생각하는데?"라는 예수님의 질문에 대답을 못한 우리가 이 중풍병자의 모습이기도 합니다. 교회를 다니던 안 다니던 예수님을 모르면 모두 영적인 중풍에 걸린 것이나 마찬가지입니다. 피가 안 돌면 몸이 뻣뻣해지면서 점점 움직일 수가 없듯이 주님을 모르기 때문에 정상적으로 행동하지 못하는 것입니다. 그래서 지금 내가 이런 상태라면 더욱 빨리 예수님이 누구신지 알고 만나야 합니다. 주변에 이런 사람이 있다면 목숨 걸고 더 빨리 예수님의 복음을 전해야 합니다.

그 이유가 다음 말씀에 나옵니다.

"예수께서 들으시고 이르시되 건강한 자에게는 의사가 쓸 데 없고 병든 자에게라야 쓸 데 있느니라" - 마태복음 9:12

다시 한 번 말씀드립니다.

예수님은 모든 것을 치유하실 수 있는 의사이십니다. 만든 사람을 찾아가 A/S를 받는 것이 가장 확실한 방법이듯이, 어딘가 문제가 있다면 바로 예수님을 찾아가는 것이 가장 현명한 판단입니다. 모든 의사들은 전공이 있습니다. 이가 아프면 치과, 배가 아프면 내과, 수술을 해야 되면 외과에 가야 합니다. 그런데 예수님은 만물의 창조주시기에 이 모든 것을 한 번에 고칠 수 있는 최고의 의사나 마찬가지입니다.

우리들의 비뚤어진 마음도, 엉클어진 관계도, 부부 문제도, 사업 문제도, 건강 문제도, 자녀 문제도, 그 어떤 문제라도 모두다 치유하시는 분이 주님이시라는 사실을 믿고, 예수님은 하나님의 아들, 만물의 창조주로 반드시 믿으시길 바랍니다. 또 전하시길 바랍니다.

2. 기쁨을 주시는 분

마태복음 9장 15절 말씀을 보겠습니다.

"예수께서 그들에게 이르시되 혼인집 손님들이 신랑과 함께 있을 동안에 슬퍼할 수 있느냐 그러나 신랑을 빼앗길 날이 이르리니 그때에는 금식할 것이니라"

이 말씀에서 예수님을 신랑으로 표현하고 있습니다.

신랑은 어떤 사람입니까? 내 속을 뒤집히게 뭐든지 반대로 하는 사람? 아니에요, 신랑은 본래 기쁨을 주는 사람입니다. 그래서 **예수님은 치유자인 동시에 우리들에게 참된 기쁨을 주는 신랑입니다**(성경에서는 교회를 신부라고 했으므로 남자들에게도 해당됩니다). 이건 정말 말로 표현이 안 되고 신랑이신 예수님을 만나야만 알 수 있는 기쁨입니다. 이 기쁨을 경험하신 분들은 모두 같은 고백을 하십니다.

"이 세상 어디에서도 얻을 수 없는 기쁨이 예수 안에 있다!"

그런데 꼭 거창하게 어디서 40일 금식하면서 기도하고 그래야 이 신랑이신 예수님을 만나는 것이 아닙니다. 때로는 교회 안의 단순한 활동도 이런 기쁨을 경험하는 장소가 되기도 합니다. 우리 교회는 그래서 나이에 상관없이 전교인이 함께하는 프로그램을 최대한 많이 준비합니다. 보통 요즘은 너무 나이별로 구분을 지어놔서 세대별로 딱 맞는 프로그램으로 운영이 되다 보니 초등학생부터 장년까지 같이 뭘 한다 그러면 보통 교회에서는 교역자들이 손사래부터 칠 겁니다. 그러나 우리 교회에서 실제로 해보니까 예수님이 주시는 기쁨은 모든 장애물을 뛰어넘습니다. 나이? 세대? 장소? 예산? 그런 거 문제되는 거 하나도 없습니다.

우리 교회는 '우리들의 여름 이야기'라는 프로그램을 매년 진행하고 있습니다. 매년 조별 여행을 가는데, 그중 한 조에서 현리계곡으로 놀러를 갔다 왔습니다. 그 조의 한 집사님이 혼자서 초등학생 62명을 전도하신 분이 있는데, 그래서 그분의 조는 초등학생들이 많았습니다. 그런데 한창 놀다가 갑자기 초등학교 4학년짜리가 집사님한테 찾아와서 이런 말을 하더랍니다.

"선생님, 오늘이 제 인생에서 최고로 행복한 날이에요."

처음에 이 말을 듣고는 '나 참, 초등학생 4학년이 평생은 또 뭐야, 평생은… 기쁨이 뭔지는 알고 이런 말을 하나?' 이런 생각이 들었는데 시간이 지나보니 아니더래요. 예수님이 주시는 기쁨은 나이가 어리다고 느끼지 못하는 것이 아니고, 예배시간에만 느끼는 것이 아니라는 말이죠.

반대로 한 번 생각해봅시다.

우리도 저 초등학생 4학년 아이처럼 '오늘이 내 생애 최고로 행복한 날입니다'라고 고백할 수 있는 날이 얼마나 있을까요? 그런 날이 있었나요? 그렇다면 어서 빨리 신랑이신 예수님을 만나야 합니다. 예수님이 기쁨을 주시는 분이라는 사실을 알아야 되고, 또 그러려면 자꾸 자꾸 교회에서 모여야 합니다. 그리고 모여서 맨날 예배드리고 이러면 좋지만 부담 없이 모여서 예수님이 주시는 기쁨을 느낄 수 있는 그런 모임을 만들어야 됩니다.

요즘에는 코미디 프로그램을 보면서도 재미없어 하는 사람들이 많아요. 왜 이렇게 방송 예능에 집착을 할까요? 그나마 그런 것들 빌려서 겨우 웃고 사니까 재미없으면 화나고 그런 겁니다. 그러나 진정한 기쁨이 예수님 안에서 가능합니다. 그래서 조건 없이 막 불러 모아야 됩니다. 위에 말한 모임에 교회 남자 성도들 찾아가서 함께 하자고 하니까, 아직 담배를 못 끊어서 그런데 가면 냄새 때문에 가족들만 보낸다고 말하는 사람이 있었는데 제가 이렇게 말했습니다.

"담배 냄새 전혀 상관없으니까 오세요. 내가 친구가 되어 드릴게, 치사하게 그거 하나 가지고 빠지지 맙시다. 냄새 막 풀풀 나도 혼자 찔리지 우리들은 잘 몰라요. 담배 하나로 다른 가족들 힘들게 하지 말고 같이 갑시다."

그렇게 다 데리고 가서 어른, 아이 할 것 없이 모여 놓으면 어떨 것 같습니까?

저도 궁금해서 행사 내내 옆에서 프로그램 하는 거 다 봤는데 애들이고 어른이고 입을 모아 너무 좋아 다들 한 번 더 왔으면 좋겠다고 말했습니다. 그래서 우리 딸이랑 딸 친구들은 나보고 '목회자계의 나영석'이라고까지 부릅니다. 그런데 이게 다 제가 한 게 아니라 예수님이 하신 것입니다. 신랑 되신 예수님을 만나면 분명히 기쁨이 옵니다. 예수님 이름으로 모인 무리 안에 있기만 해도 기쁨이 돼요. 그게 복음의 힘이고 예수님이 주시는 놀라운 은혜입니다.

3. 만왕의 주

여기서는 우리가 가져야 할 태도를 생각해 봅시다.

먼저 말씀을 보겠습니다.

> "아직 예수께서 말씀하실 때에 회당장의 집에서 사람들이 와서 회당장에게 이르되 당신의 딸이 죽었나이다 어찌하여 선생을 더 괴롭게 하나이까 예수께서 그 하는 말을 곁에서 들으시고 회당장에게 이르시되 두려워하지 말고 믿기만 하라 하시고 베드로와 야고보와 야고보의 형제 요한 외에 아무도 따라옴을 허락하지 아니하시고 회당장의 집에 함께 가사 떠드는 것과 사람들이 울며 심히 통곡함을 보시고 들어가서 그들에게 이르시되 너희가 어찌하여 떠들며 우느냐 이 아이가 죽은 것이 아니라 잔다 하시니 그들이 비웃더라 예수께서 그들을 다 내보내신 후에 아이의 부모와 또 자기와 함께한 자들을 데리시고 아이 있는 곳에 들어가사 그 아이의 손을 잡고 이르시되 달리다굼 하시니 번역하면 곧 내가 네게 말하노니 소녀야 일어나라 하심이라 소녀가 곧 일어나서 걸으니 나이가 열두 살이라 사람들이 곧 크게 놀라고 놀라거늘 예수께서 이 일을 아무도 알지 못하게 하라고 그들을 많이 경계하시고 이에 소녀에게 먹을 것을 주라 하시니라" - 마가복음 5:35-43

마가복음 5장과 누가복음 8장은 병행구조입니다.

두 장 모두 회당장 야이로의 딸을 고쳐주시는 예수님이 나오는데 5장에는 그 길을 가다가 피가 마르는 병에 걸린 여인을 고쳐주시는 사건이 나옵니다. 그런데 이 두 장이 단순히 병을 고치는 예수님의 능력을 알리기 위해서 성경에 나와 있다고 보기에는 공통점이 많습니다.

먼저 회당장 야이로의 딸은 "딸이 죽었는데 열두 살쯤 되었더라"라고 나와 있습니다. 그리고 혈루증 걸린 여인도 '열두 해' 동안 병을 앓고 있다고 나옵니다. 즉, **야이로의 딸이 태어났을 때 한 여인은 혈루증으로 죽어가고 있었습니다.** 우리는 30년, 50년 살아가고 있지만 사실 죽음을 향해 가고 있는 것 아닙니까? 30년을 살았다는 것은 30년 죽음 가까이 간 삶일 뿐이고, 50년을 살았다는 것은 50년 죽음 앞으로 가까이 간 삶일 뿐이라는 말입니다. 회당장 야이로의 딸이 태어났을 때 혈루증으로 앓는 여인이 죽어가기 시작했다는 이 성경 말씀은 우리 인생을 말씀하고 있는 것입니다. 산다고 하지만 죽음을 향해 가고 있는 우리 인생 말입니다.

그런데 이렇게 죽어가고 있는 우리에게 이미 죽은 우리에게 살려주시고 기쁨을 주시겠다는 만왕의 왕을 왜 보지 못하고, 부인하고, 따르지 않을까요? 그 이유는 영적인 눈이 닫힌 맹인이기 때문입니다. 세상은 본질적으로 예수님을 볼 수도 알 수도 없습니다.

"예수께서 거기에서 떠나가실새 두 맹인이 따라오며 소리 질러 이르되 다윗의 자손이여 우리를 불쌍히 여기소서 하더니 예수께서 집에 들어가시매 맹인들이 그에게 나아오거늘 예수께서 이르시되 내가 능히 이 일 할 줄을 믿느냐 대답하되 주여 그러하오이다 하니 이에 예수께서 그들의 눈을 만지시며 이르시되 너희 믿음대로 되라 하시니 그 눈들이 밝아진지라 예수께서 엄히 경고하시되 삼가 아무에게도 알리지 말라 하셨으나 그들이 나가서 예수의 소문을 그 온 땅에 퍼뜨리니라” - 마태복음 9:27-31

다시 말씀드리지만 마태복음 8, 9장에서 예수님은 스스로가 누구신지 자기계시를 하십니다. 예수님은 질병을 치유하시고, 비정상적인 것을 정상적인 것으로 고치시고, 모든 만물을 다스리시고, 모든 영적인 세계를 다스리시고, 우리들의 모든 것을 치료하시는 의사요, 우리들에게 참된 기쁨을 주는 신랑이십니다. 그런데 문제는 그런 그분을 우리가 보지 못합니다.

눈에 안 보이니까 다른 이상한 거 찾고 기쁨을 얻으려고 엉뚱한 짓을 하는 게 우리의 인생입니다. 그 뒤에 32절에 '말 못하는 사람'이 나오는데, 이 예수님을 보지 못하니까 말을 못하는 것입니다. 이 세상은 예수님이 어떤 분인지 보지 못하고, 말도 못합니다. 그런 세상에서 우리가 살아가고 있습니다. 아닙니까?

예수님은 우리가 아무리 혁명가다, 성인이다, 선지자다 뭐라고 해도 이미 마태복음 8장과 9장에서 스스로 이런 메시아라는 자기계시를 말씀하고 계십니다.

“그래, 나는 질병을 치유하고, 비정상적인 것을 정상적인 것으로 하고, 모든 만물을 다스리고, 모든 영적인 세계를 다스리고, 너희들의 모든 삶을 치료하시는 의사요, 너희들에게 참된 기쁨을 주는 신랑이야. 이런 메시아고 이런 구세주야."

2

믿음의 의미는 무엇인가?

성경은 "너희는 그 은혜에 의하여 믿음으로 말미암아 구원을 받았으니"(엡 2:8) 라고 말하고 우리도 그렇게 대부분 믿고 있습니다. 분명히 성경이 말씀하고 있는 "믿음으로 말미암은 구원"의 의미는 무엇입니까? 왜 구원을 믿음이라는 수단을 통해 이루시는 것입니까. 차라리 '가난한 자에게 백만 원을 주면 구원' 이런 등식이라면 우리는 구원에 대해 쉽게 이해할 수 있을 것입니다. 그러나 왜 꼭 구원의 방편은 '오직 믿음'입니까 여기에 대한 명쾌한 성경적인 대답은 무엇입니까?

사람들은 대부분 '어떻게'(HOW)에 관심이 많습니다.

당장 시중에 나오는 베스트셀러들, 그리고 유명한 강의들만 봐도 "어떻게 하면 돈을 벌 수 있지?", "어떻게 하면 건강할 수 있지?", "어떻게 하면 대인관계를 잘할 수 있지?"와 같이 질문들에 대한 해답인 경우가 많습니다.

그래서 신앙생활도 때때로 '어떻게'(HOW)라고 무턱대고 생각하는 경우가 많지만 사실 그 전에 먼저 '왜?'(WHY)라는 질문을 던져야 합니다. 이 '왜?'라는 질문이 없이 '어떻게'만 있으면 신앙생활은 그럴싸하게 하고 겉모습은 번지르르할 수 있으나 정작 그 안에 하나님이 계시지 않은 빛 좋은 개살구가 됩니다. 그러나

'왜?'라는 질문에 제대로 대답하게 되면 자연스럽게 나를 창조하신 하나님께 다가가게 만들고 하나님의 속성과 성품에 참예하게 됩니다.

한때 기독교는 "예수천당 불신지옥"으로 대변되는 종교였습니다. 물론 맞는 말입니다만 그보다도 중요한 것이 왜 믿으면 천당이고, 안 믿으면 지옥인지라는 질문을 먼저 던져야 제대로 된 신앙생활의 기틀을 다질 수 있습니다.

그렇다면 도대체 믿음은 무엇일까요?

우리는 무엇을, 왜 믿어야 할까요?

믿음의 진짜 의미는 도대체 무엇입니까?

모든 종교는 어떤 종류의 '믿음'이 있지 않으면 시작될 수가 없습니다. 그렇기에 신앙생활에 앞서 우리가 믿어야 할 것이 무엇인지, 내가 그것을 제대로 믿고 있는지 확인하는 것은 매우 중요한 일입니다. 우리가 믿는 기독교에서 말하는 믿음은 이렇습니다.

"하나님이 세상을 이처럼 사랑하사 독생자를 주셨으니 이는 그를 믿는 자마다 멸망하지 않고 영생을 얻게 하려 하심이라 하나님이 그 아들을 세상에 보내신 것은 세상을 심판하려 하심이 아니요 그로 말미암아 세상이 구원을 받게 하려 하심이라 그를 믿는 자는 심판을 받지 아니하는 것이요 믿지 아니하는 자는 하나님의 독생자의 이름을 믿지 아니하므로 벌써 심판을 받은 것이니라 그 정죄는 이것이니 곧 빛이 세상에 왔으되 사람들이 자기 행위가 악하므

로 빛보다 어둠을 더 사랑한 것이니라 악을 행하는 자마다 빛을
미워하여 빛으로 오지 아니하나니 이는 그 행위가 드러날까 함이
요 진리를 따르는 자는 빛으로 오나니 이는 그 행위가 하나님 안
에서 행한 것임을 나타내려 함이라 하시니라" – 요한복음 3:16-18

성경은 이렇게 말씀하고 있습니다.

"하나님께서 이 세상을 얼마나 사랑하셨는지 그분은 하나뿐
인 아들을 우리에게 주셨다. 그것은 아무도 멸망하지 않고 그를
믿는 사람은 누구나 온전하고 영원한 생명을 얻게 하기 위해서
이다."

그 뒤에 이어서 이런 말씀이 나옵니다.

"그 정죄는 이것이니 곧 빛이 세상에 왔으되 사람들이 자기 행위
가 악하므로 빛보다 어둠을 더 사랑한 것이니라 악을 행하는 자마
다 빛을 미워하여 빛으로 오지 아니하나니 이는 그 행위가 드러날
까 함이요 진리를 따르는 자는 빛으로 오나니 이는 그 행위가 하
나님 안에서 행한 것임을 나타내려 함이라 하시니라" – 요한복음
3:19-21

여기서 중요한 말씀은 바로 '**믿는 자는 구원을 얻는다**'라는 것
입니다. 그래서 우리가 그렇게 믿어야 한다고 말하는 이유도 바
로 이 믿음이 구원하기 때문입니다. 그런데 조금 더 들어가 보면
도대체 이 믿음이 무엇이며, 왜 믿어야 구원을 받는지, 즉 이 믿
음이란 것의 의미가 무엇인지에 대해서 잘 이해하고 있지 못할

수도 있습니다.

우리의 이 믿음이 만고불변의 확실한 것임을 어떻게 알 수 있을까요? 이 질문에 제대로 답을 하지 못한다면, 우리는 진짜 믿음에 대해서 다시 한 번 고민하고 성경을 통해 제대로 된 믿음을 배워야 합니다.

세상이 말하는 믿음

먼저 세상이 말하는 '확실한 믿음'에 대해서 살펴보겠습니다.

세상 사람들은 아래의 것들이 확실하다는 이유로 종교처럼 믿고 따르고 있습니다.

피타고라스가 만든 아카데미의 정문에는 '기하학을 모르는 자 이곳을 넘어오지 말라' 라는 글이 적혀 있었습니다. 피타고라스는 수학과 과학이 우주를 표현하고 있다고 생각해서 항상 경외심을 품고 있었습니다.

물리학자 제임스 진스는 "우주를 창조한 신은 분명히 수학자일 것이다"라는 말을 했으며, 갈릴레이도 비슷한 생각을 했습니다. 데카르트는 확실한 측정도구인 수학을 가지고 모든 지식을 통합하려고 했으며, 만유인력을 발견한 뉴턴 역시 우주의 비밀을 수학으로 풀어내면서 수많은 법칙을 발견해냈습니다.

그래서 분명히 증명된 과학의 공식은 '법칙'이라는 이름으로 절대불변으로 여겨졌습니다. 하지만 쿠르트 괴델이라는 수학자는 '불완전성의 정리'를 통해 이런 수학의 확실성을 흔들었습니다. 비록 그런 법칙들을 이용해 많은 것을 발견하고 우주선을 만들지라도 모든 수학과 과학은 본질적으로 불완전하고 모순이 있다는 것을 괴델은 밝혀냈습니다.

과학은 하나님이 창조하신 세상의 많은 원리를 이해하고 설명하는 데 큰 도움이 됩니다. 또 과학기술로 인해 많은 편리한 도구들이 발명되었고 더 나은 삶을 영유하게 된 것도 분명한 사실입니다. 그러나 이처럼 강력한 증거를 가진 과학이기에 많은 사람들이 때로는 '진리'로까지 받아들이지만 과학적으로도 과학이나 수학은 '본질적 진리'가 아니라는 것을 과학자들 대부분도 인정하고 있습니다. 과학의 보편적 시각인 패러다임은 배우는 속도가 따라 잡을 수 없을 정도로 빠르게 변화하는데, 과학은 세상을 이루는 원리를 발견하고 분명한 도움이 되지만 새로운 가치를 창조하거나 삶의 의미를 부여할 수는 없습니다.

성경이 말하는 믿음

기독교에서 말하는 믿음이 뭔지 알기 위해서는 신약의 복음서를 봐야 합니다. 마태, 마가, 누가가 쓴 이 복음서는 조금씩 풀어가는 방식은 다르지만 예수님이 어떤 분이고 무엇을 믿어야 하

는지에 대해서는 같은 관점을 가지고 있습니다. 그래서 이 복음서들을 '공관복음'이라고 말합니다. 결국 우리가 예수님을 믿는다는 것은 이 복음서에서 사도들이 선포한 예수님에 대해서 동의한다는 말입니다.

또한 굳이 공관복음이 아니더라도 모든 신약은 이 믿음에 대해서 말하고 있습니다. 요한복음은 예수님은 그리스도라는 것에 동의하는 믿음을 말하고 있고, 사도행전은 십자가에서 돌아가신 예수님을 하나님이 다시 살리셨고 우리들의 주와 그리스도가 되게 하셨다는 것을 말하고 있습니다. 로마서는 그 예수님을 마음으로 믿음으로 의에 이르고, 입으로 시인해서 구원에 이른다고 말씀합니다. 결국 교회에 다니고 예수님을 믿는다는 사람들의 믿음은 이런 것들을 모두 인정하고 실천하는 것입니다.

1. 믿음의 특징: 거저 받는 은혜

"너희가 그 은혜를 인하여 믿음으로 말미암아 구원을 얻었나니 이것이 너희에게서 난 것이 아니요 하나님의 선물이라 행위에서 난 것이 아니니 이는 누구든지 자랑치 못하게 함이니라" - 에베소서 2:8-9

　우리는 이미 하나님의 은혜는 값없이 주시는 것이라는 사실을 배웠습니다. 사실 가만히 생각해보면 태어나서 지금까지 살아가는 것만으로도 우리는 이미 많은 축복을 받았습니다. 우리가 평소에 의식도 하지 못하고 당연한 듯이 누리고 살아가는 것들, 예를 들면 '물, 태양, 공기, 부모님의 사랑' 이런 것들은 사실 값이 너무 커서 세상의 가치로 계산할 수 없다고 볼 수 있는 것들입니다. 만약 우리가 공기와 태양, 물 이런 것들을 다 돈으로 사야 한다면 어떤 일이 벌어지겠습니까?

　예를 들어 태양만 해도 그렇습니다. 우리는 살면서 태양을 의식조차 하지 않고 너무 쉽게 자주 봅니다. 그러나 이 태양의 소중함을 농부에게 물어보십시오. 아마 농사의 전부라고 대답할 것입니다. 노르웨이 같은 북반구에 있는 나라들은 이 태양을 쐬기 위해 산 중턱에 대형 거울을 설치해서 마을로 보내는 장치가 있을 정도입니다. 그리고 심리학 연구에 따르면 이 태양을 마주보고 걷는 사람은 등지고 걷는 사람들에 비해서 우울증에 걸릴 확률이 현저히 낮아진다고 합니다. 그런데 이렇게 농사를 짓게 하고, 사람들의 우울증을 낫게 하고, 필요한 자연의 근간이 되는 태양에 우리가 어떤 값을 지불하고 있습니까? 누구나 마음껏 공짜로 이용할 수 있습니다.

　물도 마찬가지입니다. 쿠웨이트 같은 산유국에 가면 SUV 같은 중형차에 기름을 가득 채워도 14,000원 정도밖에 들지 않습니다. 그런데 기름만 싸지 김밥을 두 줄만 사도 거의 같은 값이 나옵니다. 그런데 그렇게 기름을 팔아서 번 돈으로 물이 부족해서 해수담수화 시설을 짓고, 농업용 용수 개발하는 기술에 엄청나게 투자를 합니다. 우리도 기름이 중요한 자원이라는 걸 알고 있지만, 막상 물과 기름 중에 하나를 선택하라면 100% 물을 선택할 겁니다. 기름은 없어도 불편할 뿐 살아갈 수 있지만 물은 없으면 3일도 버티지 못합니다.

공기 역시 마찬가지입니다. 공기는 우리가 정말로 소중함을 느끼기 어렵지만 단순히 지구 대기권만 벗어나도 공기가 없기 때문에 우리는 단 5분도 살아가지 못합니다. 만약 우리가 마시는 공기에 값을 지불해야 한다면 설령 빌 게이츠라도 1년도 못 되어 잔고가 텅텅 비고 말 겁니다. 그러나 이 공기는 아프리카에 사는 사람도, 미국에 사는 사람도 모두 공짜로 누릴 수 있습니다.

부모님의 은혜 역시 마찬가지입니다. 한국에서 아이를 한 명 낳아서 대학 졸업할 때까지 키우는 데만 평균 2억 7500만 원이 든다고 합니다. 부모님한테 이 돈을 드려 키워주셔서 감사하다고 넙죽 절하는 사람이 얼마나 될까요? 돈만 3억여 원이 들뿐 아니라 키우는 데 들어가는 노동과 헌신은 또 값으로 측정할 수 있겠습니까? 부모님이 '내가 3억여 원 들여서 애 키웠으니 나중에 4억 돌려주겠지'라는 생각으로 키우시는 분을 단 한 번도 제가 본 적이 없습니다. 이처럼 놀라운 부모님의 사랑도 결국은 모두 공짜입니다.

그런데 바로 우리 생명과 직결되는 물, 공기, 태양, 부모님의 은혜와 같은 이 모든 것들이 공짜이듯이, 하나님이 주시는 구원을 얻을 수 있는 믿음의 가장 중요한 특징이 바로 이 공짜라는 속성입니다. 하지만 값이 없어서 공짜라고 하는 것이 아니라 이 세상의 가치로 절대로 환산할 수 없기에, 그 정도로 크고, 또 반드시 필요한 것이기 때문에 공짜일 수밖에 없습니다.

구원을 얻을 수 있는 예수님의 피를 한 방울이라도 사야 한다면 도대체 얼마를 지불해야 할까요? 또 얼마를 지불하시겠습니까?

그래서 석유나 철, 보석 이런 것들은 따로 사다가 팔 수도 있고, 맘대로 값도 올릴 수 있지만 대부분의 공공재는 특별한 경우가 아니면 팔 수도 없고, 또 기본적으로 누릴 수 있게 전 세계 어느 나라에서든 조치를 취해줍니다. 한마디로 가치를 계산하기에는 너무나 크고, 또 필수적이기에 그냥 받게 한다는 것이죠.

제 친구가 저에게 메시지를 하나 보냈는데 제목이 '아버지의 유언'입니다. 읽어드리겠습니다.

자식은 영원한 철부지라는 것을 깨달은 날입니다. 온몸이 심한 화상으로 인해 보기 흉한 아버지가 있었습니다. 어린 아들을 키울수가 없어서 일찍이 아들은 고아원에서 자랐습니다. 평생 아버지를 원망하며 아들은 혼자서 자수성가를 했습니다. 아버지는 시골에서 혼자 근근이 생활하며 아들이 보고싶어서 찾아가면 아들은 아버지를 냉정하게 대하며 원망을 했답니다.

"아버지가 나에게 해준 것이 뭐 있어요?"

서럽게 고아원에서 자란 아들은 아버지를 원망하며 흉한 어버지를 창피해 했습니다.

외롭게 살던 아버지가 다 죽게 되어 동네사람들에게 연락이 왔습니다. "제발 화장만은 하지 말아달라"는 아버지의 유언이 있었습니다. 아들은 그 유언마저 뿌리치고 화장을 했습니다.

'아버지가 내게 잘해준 것이 뭐 있다고 때마다 찾아와 벌초를 하는 수고를 하게 하느냐'고 투덜거렸습니다.

장례가 끝이 나고 아들은 아버지의 유품을 정리하다가 일기장을 발견했습니다. 죽은 어머니께 보내는 글을 보았습니다.

"여보, 미안하구려. 집에 불이 났을 때 미처 당신을 구하지 못한 것이 한으로 남으오. 당신이 그 뜨거운 불길 속에서 구해달라 애원할 때 나는 어린 아들을 구하고 당신을 끝내 구하지 못해 평생을 죄책감 속에 살았소. 그때 아들의 불장난으로 인해 집안이 불길에 휩싸이고, 용광로처럼 뜨거운 불길 속에서 몸부림친 당신을 생각하면 나도 괴로움으로 몸부림치고 있지만, 나는 아들을 끌어안았고 그 아들은 다행히 흉터 하나 없이 살았소. 나는 심한 화상으로 정상적인 삶을 살 수가 없었소. 아이를 기를 수가 없어서 고아원으로 보낼 수밖에 없었소. 여보 미안하오. 나도 이제 당신곁으로 갈날이 다가오는 것 같아 미리 사죄하고 당신게 가려하오."

편지를 모두 읽은 아들은 그만 통곡을 했습니다. 자신이 어릴 때 부주의로 저지른 불장난에 어머니가 타죽고, 자신을 구하려다 심한 화상을 입은 아버지를 평생 원망하고 뜨거운 것을 싫어하는 유언도 못 들어드린 죄. 그런 아버지는 이미 재가 되어버린 뒤였습니다. 아들은 이 같은 사실을 전혀 모르고 그동안 살아왔던 겁니다. 부모의 마음을 평생 자식들이 알 수 없습니다.

그런데 하나님이 주시는 은혜는 이보다 비교할 수 없이 큽니다.

"너희는 그 은혜에 의하여 믿음으로 말미암아 구원을 받았으니 이것은 너희에게서 난 것이 아니요 하나님의 선물이라 행위에서 난 것이 아니니 이는 누구든지 자랑하지 못하게 함이라" – 에베소서 2:8-9

에베소서를 보면 우리가 믿음으로 구원받는 은혜를 하나님이 거저 주시는 이유가 나와 있습니다. 예수님의 은혜로 내려주신 구원은 믿기만 하면 받을 수 있는 공짜입니다.

사도행전 16장에 보면 바울과 실라가 감옥에 갇혀 있다가 풀려나는 장면이 나옵니다.

"한밤중에 바울과 실라가 기도하고 하나님을 찬송하매 죄수들이 듣더라 이에 갑자기 큰 지진이 나서 옥터가 움직이고 문이 곧 다 열리며 모든 사람의 매인 것이 다 벗어진지라" – 사도행전 16:25-26

갑자기 지진이 나면서 감옥문이 열리는 것을 보고 지키고 있던 간수는 너무 놀라서 주저앉습니다. 죄수들이 도망가면 간수들은 사형을 당하기에 어쩔 줄 몰라서 덜덜 떨면서 있는데 갑자기 바울이 다가옵니다. 이 모습을 보고 간수가 겁에 질려 묻습니다.

"우리가 어떻게 해야 구원을 얻습니까?"

이때 바울은 '범죄자를 다 잡아들여라, 서둘러 문을 잠궈라, 상관에게 거짓 보고를 해라' 이런 해결책을 제시하지 않고 딱 한 마디를 합니다.

"주 예수를 믿으라, 그리하면 너와 네 집이 구원을 얻으리라." - 사도행전 16:31

할렐루야! 내가 죽을 상황에 처해 있든, 엄청난 축복을 받아 부자가 된 상황이든, 구원을 받는 방법은 단 한 가지입니다.

'예수님을 믿는 것!'입니다. 부자라고 살 수 있는 것도 아니고 가난하다고, 몸이 아프다고, 머리가 나쁘다고 받지 못하는 것도 아닙니다. 그야말로 누구나 받을 수 있는 구원은 바로 믿음으로 인해서입니다.

누가복음 23장에 예수님이 십자가에서 돌아가실 때 같이 매달린 강도 2명이 있었습니다. 그런데 왼편에 있는 강도가 갑자기 예수님께 요즘식으로 생각해보면 이런 말투를 썼을 것 같습니다.

"네가 그 잘난 메시아야? 우리를 구원하러 왔다고? 근데 너는 왜 십자가에서 죽어? 말도 안 되는 소리 하고 있네.”

그런데 오른쪽 강도는 이렇게 말합니다.

“너나 나는 마땅히 죽을 일을 해서 죽는 거잖아. 그런데 이분은 잘못한 게 없어.”

그리고 예수님에게 자기를 기억해달라고 부탁합니다. 그 강도에게 예수님이 뭐라고 말씀하십니까?

“예수께서 이르시되 내가 진실로 네게 이르노니 오늘 네가 나와 함께 낙원에 있으리라 하시니라” - 누가복음 23:43

발가벗겨 십자가에 매달린 강도, 죄를 짓고 죽음을 눈앞에 둔 사람도 믿음으로 받을 수 있는 것이 바로 진정한 구원의 은혜입니다. 많은 사람들이 이러면 죄 짓고 살다가 죽기 전에 믿으면 된다고 잘못 이해하는 경우가 있는데, 예수님 잘 믿고 잘 살다가도 작은 고난만 만나면 사람들은 대부분 왼편 강도처럼 예수님을 부인하고 기만하지 오른편 강도처럼 예수님께 더욱 간구하는 경우는 많지 않습니다. 오히려 더욱더 의심하고 거부합니다.

유대인들은 예수님에게 메시아의 표증을 보이라고 요구했습니다. 세상 사람들은 심오한 철학과 과학, 세상의 비밀을 알 수 있는 설명을 요구했습니다. 십자가에 죄를 짓고 죽어가는 강도조차 예수님의 능력을 의심했습니다. 만왕의 왕이신 예수님이 나를 위해 십자가에서 돌아가셨다는 사실이 이들에게는 믿을 수 없는 일이었기 때문입니다. 그래서 고린도전서에 이런 말씀이 나옵니다.

> "유대인은 표적을 구하고 헬라인은 지혜를 찾으나 우리는 십자가
> 에 못 박힌 그리스도를 전하니 유대인에게는 거리끼는 것이요 이
> 방인에게는 미련한 것이로되 오직 부르심을 받은 자들에게는 유대
> 인이나 헬라인이나 그리스도는 하나님의 능력이요 하나님의 지혜
> 니라" - 고린도전서 1:22-24

예수님이 십자가에 돌아가심으로 완성된 이 구원이 유대인에게는 거리끼는 것이요 헬라인에게는 미련한 것이지만 이 사실을 믿는 우리는 십자가에 죽은 예수님을 전한다는 말입니다. 이런 구원을 가능하게 하신 분이 온 인류의 역사를 통틀어서도 없기 때문에, 우리는 결코 다른 이로써는 구원을 얻을 수 없습니다, 하나님은 우리에게 예수님 이외에 구원 받을 수 있는 다른 이름을 주신 일이 없습니다. 그 예수님을 믿는 것이 바로 바른 믿음입니다.

그리고 이 믿음을 가질 때 하나님의 나라가 우리 삶에 임합니다. 죽고 나서 마침내 경험하는 그런 천국이 아니라 우리가 믿는 즉시 하나님의 나라가 내 삶에, 직장에, 교회에, 가정에 임하게 됩니다. 즉 **믿음으로 우리는 하나님의 나라를 우리의 삶 속에 가지고 올 수 있게 됩니다.**

3

구원의 길은 무엇인가?

길이 있습니다. 차가 다니는 길, 비행기가 다니는 길, 배가 다니는 길. 심지어 공부 잘하는 것도, 음식을 잘하는 것도, 돈을 잘 버는 것도 그것에 대해 길을 알기 때문입니다. 그 길을 아는 사람은 쉽습니다. 하지만 길을 알지 못하면 방황할 수밖에 없습니다. 구원이란 이름으로 주님께 가는 길도 다른 길과 마찬가지입니다. 그 길은 어떤 길일까요?

혹시 이런 생각을 해보신 적 있습니까?

예수님을 왜 믿어야 하는지, 안 믿으면 어떻게 되는 건지, 믿는다면 어떻게 믿어야 하는지, 믿은 다음엔 어떻게 되는지 말입니다. 저는 무엇을 믿고 왜 믿어야 하는지는 결국 나의 존재가 무엇인지에 대한 답에 따라 달라진다고 생각합니다.

성경에 그 답이 모두 있습니다. 창세기 1장에서 하나님이 우리 인간을 행복하게 '창조'하셨다고 분명히 말씀하고 있습니다. 인간뿐 아니라 세상에 존재하는 모든 생명체를 '창조'하셨습니다.

그래서 우리는 하나님이 나를 창조하셨고, 만물을 창조하셨다는 생각을 가지고 출발합니다. 만물을 창조하신 하나님이 누군지 알아야 하고, 그분을 말씀대로 믿어야 합니다. 분명한 시작과 끝이 존재합니다.

반면에 세상 사람들은 인간은 '우연의 산물'이라고 말합니다. 그리고 그 우연도 진화라는 일련의 과정을 거쳐 '왜인지는 모르지만' 지금의 내가 존재한다고 생각합니다. 그래서 각자가 생각하는 대로 인생이 정답이 되고, 사는 방법도 제각각입니다. 저는 여기서부터 큰 차이가 난다고 생각합니다.

지구상에 존재하는 생명체는 작게는 박테리아(세균)부터 크게는 고래, 코끼리, 사람… 등에 이르기까지 다양한 생물이 존재하며, 복잡한 유기적 관계를 맺고 있습니다. 이걸 좀 단순하게 식물, 동물, 그리고 사람으로 분류를 해보겠습니다.

이 세 종류는 모두 생명이 있지만 구조상 큰 차이가 있습니다. 먼저 식물은 줄기와 잎, 꽃 등 '몸'이 있습니다, 그리고 동물들은 살과 뼈 등의 몸 외에 '정신'이 존재합니다. 그리고 **사람은 여기에 식물과 동물이 가지고 있지 못한 '영혼'을 가지고 있습니다.**

"평강의 하나님이 친히 너희를 온전히 거룩하게 하시고 또 너희의 온 영과 혼과 몸이 우리 주 예수 그리스도께서 강림하실 때에 흠 없게 보전되기를 원하노라" – 데살로니가전서 5:23

하나님께서는 사람은 사람대로, 동물은 동물대로, 식물은 식물대로 창조하셨습니다. 그렇지 않고서는 우리의 '영혼'과 '의지'가 갑자기 생겨났다는 것은 너무나 믿기 힘든 일입니다.

한 시대를 대표했던 기독교 변증가인 C.S. 루이스도 사람과 다른 생물들의 가장 큰 차이가 '의지'라고 생각했는데 이건 영혼이 인간에게만 존재하기 때문입니다.

다시 말하면 사람은 존재 자체가 식물, 동물과 다릅니다. 동물은 몸과 정신만 있기 때문에 몸이 편안하고 안락하면 행복합니다. 그런데 사람은 몸과 정신 외에 '영혼'이 있기 때문에 몸이 아무리 편안하고 안정되어도 거기서 끝이 아닙니다. 결코 참된 만족을 얻을 수가 없습니다.

돈도 많고, 잘 먹고, 잘 살면 다들 행복하게 삽니까?

당장 그런 사람들 몇 명만 찾아봐도 절대 아니란 사실을 알 수 있습니다. 그건 몸과 정신은 만족시킬 수 있지만 가장 중요한 영혼을 만족시키는 분을 찾지 못했기 때문입니다.

사람은 하나님을 떠나면 절대 행복할 수 없습니다. 하나님께서 창조하신 목적을 이루시기 위해 모든 피조물을 대상으로 끊임없이 간섭하시며 통치하시는 걸 바로 창조 섭리라고 하는데 그 섭리를 깨닫지 못하기 때문입니다.

물고기는 물속에서 살아야 행복합니다. 나무는 땅 속에 뿌리를 박고 살아야 합니다. 인간은 하나님이 창조하셨기 때문에 하나님과 교제하면서 살아야 행복하고 참된 만족을 얻을 수 있습니다. 그래서 세상의 모든 즐거움을 누리려고 청춘을 허비했던 어거스틴은 《참회록》에서 "진실로 하나님이여, 인간이 하나님의 품에 안기기까지 참된 안식은 없었나이다"라고 고백한 것입니다.

그런데 이 사실을 깨닫긴 했지만 다른 길로 빠진 사람들이 있습니다. 물고기가 물을 떠나고, 나무가 땅을 떠나면 문제가 생기는 것처럼 하나님을 떠난 인간들에게도 문제가 생기기 시작합니다.

실제로 하나님을 떠난 사람들은 "아~ 내게 뭔가 문제가 있어!"라고 깨달았습니다.

그래서 자신의 빈 영혼을 하나님이 아닌 무언가로 채우기 위해서 선행으로, 도덕으로, 철학으로, 혹은 어떤 현자나 성인을 통해 방법을 찾았습니다. 그리고 이런 노력들이 저마다의 '종교'가 됐습니다.

세상이 말하는 구원

세상에 문자가 없는 민족은 매우 많지만 어떤 식으로든 종교가 없는 민족은 없습니다. 왜 그럴까요? 그것은 바로 사람에게는 영혼이 있고 일반적인 방법으로는 몸과 정신만 만족시킬 수 있지 근본적인 영혼의 공허함을 채울 수 없기 때문입니다. 그럼에도 하나님을 모른다면 절대로 채울 수가 없습니다. 하나님을 모르는 사람들의 삶을 성경은 이렇게 말씀하고 있습니다.

"그때에 너희는 그 가운데서 행하여 이 세상 풍조를 따르고 공중의 권세 잡은 자를 따랐으니 곧 지금 불순종의 아들들 가운데서 역사하는 영이라 전에는 우리도 다 그 가운데서 우리 육체의 욕심을

따라 지내며 육체와 마음의 원하는 것을 하여 다른 이들과 같이
본질상 진노의 자녀이었더니" - 에베소서 2:2-3

에베소서 2장은 하나님을 모르고 살아가는 사람들이 이 세상
풍속, 풍조를 따른다고 말하고 있습니다. 그러다 보니 육체와 마
음이 원하는 대로 하게 되고, 자기도 모르는 사이에 뭔가에 붙
잡혀 있게 됩니다. 운명과 죄 안에 머물 수 있겠죠.

서울대학교 경제학부 김영일 교수는 '빙의와 고뇌' 라는 논문
에서 "사람들 중에 지금의 삶에서 벗어나서 새로운 삶을 사는
사람들은 1%밖에 안 된다"고 말합니다. 즉, 대부분의 사람들이
그들의 아버지, 어머니가 살았던 삶과 환경 속에서 똑같이 산다
는 겁니다.

술주정뱅이 아버지를 싫어했지만 결국 본인도 아버지와 같은
술주정뱅이가 되어 있습니다. 술을 먹거나 노름을 하는 사람들
은 "나 술 안 먹어, 노름 안 해" 라고 하지만 그 술과 노름의 노예
가 되는 거죠. 그러다 보니 죄와 운명에서 벗어날 수가 없습니다.
왜 우리는 하나님을 모르고 살 수밖에 없을까요?

우리 인간이 하나님과의 관계가 끊어져 죽었기 때문입니다.
눈의 시력이 죽은 사람이 사물을 분별하지 못하는 것처럼, 귀의
청각이 죽은 사람이 소리에 반응하지 못하는 것처럼, 우리 인간
이 하나님과의 관계에서 죽었기 때문에 하나님께 반응하지 못하
고 살아가는 사람이 되고 말았습니다.

우리는 우리에게 문제가 생겼음을 어렴풋이 눈치채고 그 문제를 해결하고자 선행, 도덕, 철학으로 노력하지만 해결되지 않습니다.

"어떤 길은 사람이 보기에 바르나 필경은 사망의 길이니라" -잠언 14:12

하나님께서는 우리가 하나님을 모르고 산다는 것을 아셨습니다. 그래서 우리와 의논하지 않고 구원의 길을 여셨습니다.

로마서 5장 8절에 "우리가 아직 죄인 되었을 때에 그리스도께서 우리를 위하여 죽으심으로 하나님께서 우리에 대한 자기의 사랑을 확증하셨느니라" 라고 말씀하셨습니다.

우리가 하나님에게 관심도 없을 때 그분은 이미 우리들의 비참한 상태를 아셨습니다. 그래서 우리의 죄를 대속하게 하기 위해 예수 그리스도를 이 땅에 보내셨습니다.

지금 세상에서 하나님을 인정하지 않는 사람들은 인생의 끝, 그리고 구원의 방법에 대해서 대부분 다음의 세 가지로 말하고 있습니다.

1. 무(無)

소설가 마크 트웨인은 죽음이 두렵지 않은 이유를 이렇게 말했습니다.

“나는 죽음이 두렵지 않다. 나는 태어나기 전 영겁에 걸친 세월을 죽은 채로 있었고, 그 사실은 내게 일말의 고통도 준 적이 없다.”

존재하지 않았을 당시 이미 아무 고통도 느끼지 않았기에 죽은 뒤에 소멸된다 하더라도 다시 그 상태로 돌아갈 뿐이라는 주장입니다. 이 주장은 매우 설득력이 있고, 또 대다수의 무신론자들이 이와 비슷한 생각을 하고 있습니다.

그러나 이 주장은 인생의 그 어떤 문제도 해결해주지 못하고 만족도 주지 못합니다. 그리고 삶의 방향과 태도에 대해서도 많은 혼란을 일으킵니다.

2. 불가지론

스피노자와 헤겔과 같은 철학자들은 “신은 존재하거나 실재할 수 없다”고 생각했습니다. 유한한 우리를 있게 만드는 전지전능한 신은 설령 존재한다 하더라도 우리가 지각할 수 없기 때문이라고 합니다. 그리고 현대에 형이상학의 개념을 펼치면서 비슷한 주장을 하는 신학자들도 나타났습니다. 유한한 인간이 무한한 신을 이해하고 규정하려는 과정에서 많은 오류가 생기기 때문에 신앙을 가지는 것은 ‘미신적인 일’이라고까지 표현한 사람도 있습니다. 그러나 예수님은 분명히 무엇이 참된 길이고 생명인지 구원의 길을 제시하셨습니다.

“예수께서 이르시되 내가 곧 길이요 진리요 생명이니 나로 말미암

지 않고는 아버지께로 올 자가 없느니라” - 요한복음 14:6

3. 다른 차원

하버드 대학의 뇌과학자 알렉산더 이븐 박사는 “우리의 모든 몸은 정교한 기계일 뿐이며 뇌 역시 마찬가지”란 생각을 가지고 있는 유물론자였습니다. 사람들이 느끼는 종교체험이나 임사체험에 대한 것들은 모두 과학적으로 설명이 가능한 것들이며, 그저 착각일 뿐이라는 것이 그의 생각이었습니다.

그러나 이런 생각을 가진 이븐 박사가 직접 일주일의 뇌사상태에서 임사체험을 하게 되면서 영적인 경험을 하게 되는데, 자신이 알고 있던 지식을 넘어서는 세계가 있다는 것을 그는 깨닫게 됩니다. 그리고 자신의 경험을 토대로 자신이 생각했던 것과 직접 경험한 것을 상세히 설명한 책을 썼고, 이전의 생각을 바꿔 영혼은 존재하며 사후세계도 존재한다고 주장하고 있습니다.

이런 모습들이 에베소서 2장에 나온 ‘세상 풍속’입니다.

세상이 말하는 구원, 혹은 죽음 이후가 어떠하든, 또 어떤 것을 믿든 우리 대부분은 정해지고, 물려받은 반복된 인생을 살아가게 됩니다. 그러나 이런 우리를 위해 열린 진짜 구원의 길이 있습니다.

성경이 말하는 구원

세상의 풍속을 따를 때 그 누구도 바른 구원의 길을 제시하지 못합니다. 심지어 살아가는 방식조차 바꿀 수 없고, 죄의 문제는 그대로 답습하게 됩니다. 하나님이 이것을 아셨기에 하나님은 모든 사람을 살릴 수 있는 유일한 구원의 길을 열어주셨습니다.

유일한 구원의 길은 다음과 같습니다.

1. 예수님이 누구인지 믿고 아는 것

마태복음 16장 16절에서 베드로는 예수님이 어떤 분이신지 정답을 얘기합니다.

"시몬 베드로가 대답하여 이르되 주는 그리스도시요 살아 계신 하나님의 아들이시니이다"

그리스도라는 말은 히브리어의 메시아를 헬라어로 음역한 것인데 '기름부음을 받은 자'라는 뜻입니다. 구약에서 보면 기름 부음을 받는 직분은 세 부류입니다.

'1.왕 2.선지자 3.제사장' 결국 베드로의 고백은 예수님이 선지자요, 제사장이시며, 왕이라는 것입니다. 그런데 이 고백이 필요

한 이유가 있습니다. 이 고백이 아니라면 예수 그리스도는 결코
구원의 길이 될 수 없기 때문입니다.

(1) 선지자는 길을 알려주는 사람입니다.

이 땅에서 살아나가는 길, 천국에 가는 길, 하나님의 큰복을
받는 길, 가문을 바로 세울 길을 예수님의 말씀을 통해 알려 줍
니다.

(2) 제사장은 죄를 용서해 줍니다.

살면서 죄를 안 지은 사람은 없습니다. 그리고 앞으로 안 지을
수 있는 사람도 없습니다. 지금까지 잘못한 죄를 용서받았다 하
더라도 앞으로 떳떳하게 어깨 펴고 죽을 때까지 살아갈 수 있을
까요? 그렇다면 이런 죄의 문제를 어떻게 해결해야 할까요? 바
로 그 죄의 문제를 해결하기 위해 예수님은 제사장이 되십니다.

(3) 왕은 모든 것을 통치하는 분입니다.

지금까지 내가 예수님을 몰랐지만 이제라도 믿음으로 선지자
이신, 제사장이신, 왕이신 예수님을 내 마음에 진짜 영접하면(믿
으면) 이 모든 능력이 내 삶에 임하게 되고 하나님의 자녀가 되
는 권세(특권)를 받게 됩니다.

내가 하나님의 자녀가 될 때 예수님이 그리스도가 되셔서 우리
의 죄를 용서하시고, 우리들의 길을 인도하시고, 내 삶을 지켜주

십니다. 그래서 먼저는 내가 믿어야 할 예수님이 어떤 분이시고 어떤 능력을 가지신 분인지를 알아야 합니다. 그래야 진정한 구원의 첫발을 뗄 수 있습니다.

> "주 예수를 믿으라 그리하면 너와 네 집이 구원을 받으리라" - 사도행전 16:31

2. 내 죄를 대속해 주심을 믿는 것

네덜란드에 이런 속담이 있습니다.
"돈으로 집은 살 수 있지만 가정은 살 수 없다.
돈으로 시계는 살 수 있지만 시간은 살 수 없다.
돈으로 침대는 살 수 있어도 잠은 살 수 없다.
돈으로 책은 살 수 있어도 지식은 살 수 없다.
돈으로 의사는 살 수 있어도 건강은 살 수 없다.
돈으로 직위는 살 수 있어도 존경은 살 수 없다.
돈으로 피는 살 수 있어도 생명은 살 수 없다."

정말 중요한 것은 돈으로 살 수 없다는 내용입니다. 그런데 정말로 살펴보면 우리의 생명과 직결되는 많은 것들이 공짜입니다. 먼저 우리는 공기가 없으면 몇 분 만에 바로 죽습니다. 공기는 절대적으로 필요합니다. 그런데 돈을 내고 공기를 마시는 사람이 있나요?

다음으로 햇빛이 없으면 우리는 살 수가 없습니다. 식물이 광합성을 할 수가 없어 산소를 만들어 내지 못할 것이고, 이 땅은 태양열을 받지 못해 차가운 얼음 덩어리로 변할 것입니다. 그런데 이렇게 소중한 태양에게도 돈을 내지 않습니다.

물 역시 마찬가지입니다. 수도세를 내긴 하지만 그건 물을 처리하고 운반하는 비용이지, 강이나 바다에 가서 물을 쓴다고 돈을 내지는 않습니다. 이처럼 생명의 유지에 필요한 대부분의 것들을 우리는 공짜로 누리고 있는데, 더 기쁜 소식은 영혼을 위한 구원의 길도 누구나 받을 수 있는 공짜라는 사실입니다.

"하나님의 자녀는, 하나님의 은혜는 값이 없는 공짜입니다."

그런데 이 공짜는 진짜 싸서 막 주는 공짜가 아니라 값이 너무 커서 우리들이 어떤 대가를 지불해도 계산할 수가 없기 때문에 공짜입니다. 도저히 해결할 수 없는 나의 죄를 해결해 주시는 것이 예수님의 보혈인데 우리가 얼마에 살 수 있을까요? 이 세상의 가치로 계산할 수 있을까요? 없습니다. 빌 게이츠가 와도 안 됩니다. 그런데 이 놀라운 보혈을 그냥 주셨습니다. 주신다니 당연히 받아야 됩니다.

"영접하는 자 곧 그 이름을 믿는 자들에게는 하나님의 자녀가 되는 권세를 주셨으니" – 요한복음 1:12

그리고 이 사실을 믿게 되면 운명이 바뀝니다.

세상의 방식을 따라 살 때에는 누구도 죄의 운명에서 벗어날 수 없습니다. 우리 부모님, 우리 가족들이 살았던 방식 그대로 살 확률이 94%라고 하는데 진짜 예수님이 내 안에 들어오시면 하나님의 자녀가 됩니다. 그래서 이제는 하나님의 자녀의 방식으로 살아가게 됩니다. 그런데 이런 놀라운 능력에 아무런 대가가 없습니다. 모두 공짜입니다. 바로 예수님이 우리의 죄를 대속하기 위해서 십자가에서 돌아가셨기 때문입니다.

"너희는 그 은혜에 의하여 믿음으로 말미암아 구원을 받았으니 이것은 너희에게서 난 것이 아니요 하나님의 선물이라 행위에서 난 것이 아니니 이는 누구든지 자랑하지 못하게 함이라" - 에베소서 2:8-9

3. 진짜 예수님을 믿는 것

찬란한 꽃의 아름다움은 우리 눈을 통해 우리 안에 실재화됩니다. 아름다운 소리는 귀를 통해 우리 안에 실재화됩니다. 그렇지만 보지 못하고 듣지 못한다면 어떤 것도 그 사람 안에 실재화되지 못할 것입니다. 하나님은, 예수님은 그리고 구원은 보이고 만져지는 것이 아닌 영적인 것입니다. 그렇기 때문에 진짜 구원을 받기 위해선 무조건 예수님을 믿어야 합니다. 그 방법 말고는 어떤 방법도 없습니다. 그런데 때로는 그 사실을 아는 사람들도 예수님을 진짜로 믿지 않습니다. 믿는 척을 하며 적당히 안심하며 결국 자기 하고 싶은 대로 하며 살아갑니다. 그러나 정말로 예수님을 믿는 사람들은 말이 달라지고, 생각이 달라지고, 생활이 달라집니다.

"돈을 사랑함이 일만 악의 뿌리가 되나니 이것을 사모하는 자들이 미혹을 받아 믿음에서 떠나 많은 근심으로써 자기를 찔렀도다"
- 디모데전서 6:10

"내가 진실로 진실로 너희에게 이르노니 내 말을 듣고 또 나 보내신 이를 믿는 자는 영생을 얻었고 심판에 이르지 아니하나니 사망에서 생명으로 옮겼느니라" - 요한복음 5:24

하나님은 우리를 너무나 사랑하셔서 모든 구원의 길을 준비해 놓으시고 또 실행하셨습니다. 우리는 믿기만 하면 됩니다. 그런데 때로는 예수님을 향한 이 믿음과 사랑이 그저 곶감만 빼먹으려는 사람처럼 말뿐인 공허한 외침인 경우가 많습니다. 말로는 하나님을 믿는다고 고백을 하는데 그 삶에 아무런 변화도 없고, 여전히 죄의 굴레 가운데서 살면서 하나님이 주시는 축복만을 쏙 빼먹고 살기를 원하는 사람들이 많습니다.

우리가 하나님에게 관심도 없을 때 그분이 우리들의 비참한 상태를 아셨습니다. 그래서 우리의 죄를 대속하기 위해 예수 그리스도를 이 땅에 보내셨습니다. 우리를 위해 모든 것을 준비하신 것입니다. 자녀를 공부시키기 위해서 학원에 보내고 학교에 보내는 부모님들이 나중에 투자한다는 생각으로 돈을 내고 학용품을 사줄까요? 아닙니다. 그냥 자녀가 잘 되기를 바라는 마음으로, 좋은 인생을 살아가기를 바라는 마음으로 기쁜 마음으로 헌신합니다. 마찬가지로 하나님도 스스로 벗어날 수 없는 죄에 빠진 우리를 위해 모든 문제를 해결해 주셨습니다. 그런데 우리는 이 사실을 믿지를 않습니다. 혹은 믿는 척을 합니다. 이 사실을 믿는다는 건 단순히 입으로만 고백하는 것이 아니라 마음으로 믿어야 하고, 그럼으로 의에 이르는 과정이 있어야 합니다.

> "네가 만일 네 입으로 예수를 주로 시인하며 또 하나님께서 그를 죽은 자 가운데서 살리신 것을 네 마음에 믿으면 구원을 받으리라 사람이 마음으로 믿어 의에 이르고 입으로 시인하여 구원에 이르느니라" – 로마서 10:9-10

우리가 하나님의 자녀가 되는 것은 오로지 믿음입니다.

그런데 이 믿음이 벌 받기 싫어서 입으로만 고백하고 전처럼 사는 것이 아니라, 정말로 죄에서 벗어나고자 하는 간절한 마음으로 말씀을 따라 살겠다는 마음의 고백과 의의 열매로 나타납니다. 그렇지 않은 사람의 결국은 멸망뿐입니다.

> "하나님이 세상을 이처럼 사랑하사 독생자를 주셨으니 이는 그를 믿는 자마다 멸망하지 않고 영생을 얻게 하려 하심이라" – 요한복음 3:16

그런데 교회를 다니는데도 믿음이 있다고 하는데도 옆에서 볼 때 별 영향력이 없는 사람들이 있습니다. 심지어 "뭐 교회 다니는 사람이 저래?"라는 말을 듣는 사람도 있습니다. 이런 말이 나오는 것은 그 사람이 그냥 교회만 다니는 사람이기 때문입니다. 진짜 예수 믿는 사람은 다릅니다. 혹시 "에이, 뭐 교회 다니는 사람들이 저래?"라고 평가 받는 사람들만 봤다면, 혹은 그런 소리를 듣는다면 아직 진짜 예수님 믿는 사람들을 못 본 거고, 아직 진짜로 예수님을 믿는 것이 아닙니다.

이제 당신은 진짜로 예수 믿는 사람이 되어야 합니다. 그래야 운명이 바뀝니다. 세상의 방식은 풍속을 따라가고 운명에 순응할 뿐입니다.

하나님이 보여주시는 구원의 길은 그 어떤 제약도 없습니다. 내가 가난하다 해도, 못 배웠다 해도, 하나님의 자녀로 이 땅을 살아가는 데는 아무런 상관이 없습니다. 그러니 예수님을 믿는다고 하면서 자기 맘대로 살지 말고 자기를 더 의지하지 마십시오. '나'라는 존재는 내 안에 있는 내 마음, 아니 생각조차 뜻대로 못하는 나약한 존재입니다. 우리 자신이 누구보다 더 잘 압니다. '이건 다시는 하지 말아야지'라고 생각하면 그냥 안 하게 되던가요? '내 미래를 위해서 앞으로 어떤 일을 해야겠어' 하면 꾸준히 하게 되던가요? 결국 다시 돌아가게 됩니다.

그런 내가 내 삶을 책임진다는 건 어찌 보면 코미디입니다.

내 삶은, 아니 모든 인간의 삶은 왕이신 예수님이 책임져 주셔야 합니다. 그래야 제대로 돌아갑니다.

"우리가 아직 죄인 되었을 때에 그리스도께서 우리를 위하여 죽으심으로 하나님께서 우리에 대한 자기의 사랑을 확증하셨느니라"

　　- 로마서 5:8

다시 말씀드립니다. 진짜 예수님을 믿으십시오. 예수님을 진짜로 믿으십시오. 예수님을 안 믿으면, 운명에 사로잡히게 되고, 죄에서, 운명에서 절대로 빠져나올 수 없습니다. **예수님이 내 안에 들어왔을 때 그분은 나의 길을 인도하시는 선지자, 내 죄를 용서하시는 제사장, 내 삶을 책임져 주시는 왕이 되십니다.**

"진짜 예수 믿습니다!"라고 고백하는 사람들은 삶이 달라집니다. 복을 받고, 갑자기 모든 문제가 해결될 수도 있지만 진짜 중요한 것은 이런 변화보다는 정말로 영혼이 새롭게 변화되고 기쁨이 충만해집니다.

우리 교회 성도님 중에 삶이 너무 힘들어 교회를 다니면서도 자살을 결심한 분이 있었습니다. 그래도 교회는 나가니까 "오늘 마지막으로 예배에 갔다가 자살을 해야겠다"라는 마음으로 예배를 드리러 왔습니다. 그런데 이분이 그날 예수님을 만났습니다. 좋은 날 다 지나가고 삶의 소망이 끊어졌던 그때, 수도 없이 나오고 드렸던 예배 가운데 만나지 못했던 예수님을 그 마지막 예배에서 만났습니다.

그 후로 그분에게는 새로운 소망이 생겼습니다. 시간이 지나면 지날수록 이분의 얼굴은 더욱 기쁨이 가득했고, 삶이 회복되고 있다는 것을 말로 안 해도 알 수 있었습니다.

지금은 주어진 상황에서 최선을 다해 살아가며 교회에서 작은 봉사도 시작했습니다. 이분의 운명이 그날 갑자기 바뀌어서 돈이 많아지고 명예가 생겨서 기쁨이 넘치게 된 게 아닙니다. 정답은 예수님을 만났기 때문입니다.

예수님을 모르는 사람은 아무리 성공을 했든, 잘났든 간에 물을 떠난 물고기, 땅을 떠난 나무입니다. 아무리 많은 것들이 옆에 있어도 엄마의 가슴을 떠난 어린아이같이 허전하고 외롭기 때문에 절대 행복할 수 없습니다. 예수님을 찾기 전까지는 참된 안식이 없기 때문입니다.

성경에서 하나님을 나타내는 '엘샤다이'라는 단어가 있습니다.

'엘(el: 하나님) + 샤다이(shaddai: 충분하다)'

여기서 '샤다이'(shaddai)의 'shad'는 히브리어로 '어머니의 젖가슴'이라는 단어입니다. 다시 말해 엘샤다이는 '갓 태어난 아기가 엄마의 품안에서 있을 때처럼 충족시키시는 분'을 의미합니다. 젖먹이 아이에게 있어서 엄마의 품은 그 아이의 전부입니다. 갓난 아기에게 엄마를 떼어놓고 돈을 주고, 차를 주고, 큰 집을 주면 아이가 만족할까요? 그 어떤 것보다도 엄마의 품을 바랄 것입니다.

예수님을 믿지 않는 인생이 바로 이런 인생입니다. 예수님을 믿지 않고 살아가면 그냥 모든 것 상관없이 운명으로 살게 됩니다. 세상이 제시하는 그 어떤 방법도 바꿀 수 없습니다. 하지만 예수님을 진짜로 믿으면 달라집니다. 따스하게 품어주시는 분이시자 죄를 용서해 주시는 제사장, 길로 인도하시는 선지자, 구원하고 통치하시는 예수님을 진짜 믿음으로 당신의 운명이 바뀌는 날이 바로 지금이 되었으면 좋겠습니다.

지금 결단하십시오.

"저 정말 예수님 믿겠습니다. 잘 믿겠습니다!"

4

진정한 복이란 무엇인가?

우리가 믿는 복(福)은 무엇인가? 수(壽) 부(富) 강녕(康寧) 유호덕(攸好德) 고종명(考終命)을 보통 복이라고 믿는 세상에서? 돈이 많거나? 높은 자리에 오른 것을 축복 받았다고 말하는 세상에서 우리가 믿어야 할 진짜 복(福)은 무엇인가? 성경은 '복'에 대해 어떤 것이 성경적인 복이라고 말하고 있는가?

우리나라는 예전부터 '수(壽), 부(富) 강녕(康寧) 유호덕(攸好德) 고종명(考終命)' 5가지의 복을 최고로 쳤습니다.

풀어 말하면 '오래 살고', '돈이 많고', '건강하고', '덕을 행하고', '편안한 여생'을 보내는 것이 인생에서 가장 중요한 것이라고 생각한 것입니다.

제가 중고등부 예배 때 설교를 하다가 학생들한테 "얘들아, 너희는 어쩔 때 가장 행복하니?"라고 물은 적이 있습니다.

이 말이 끝나기가 무섭게 "먹을 거 많을 때요!", "용돈 받을 때요!", "명문대 들어갈 때요!"… 등등 대부분 필요가 채워진 '풍족한 생활'일 때 아이들은 행복하다고 말했습니다.

연세대학교가 방정환재단과 함께 우리나라 초등학생들을 대상으로 한 조사가 있었습니다.

'행복하기 위해 필요한 것'을 묻는 조사였는데, 초등학교 1학년의 경우 가족이 '54%'나 됐고 돈의 경우는 '3%' 밖에 되지 않았습니다. 그런데 6학년의 경우 돈이 '26%'로 훌쩍 뛰어오르고 가족은 '20%'밖에 되지 않았습니다. 중고등학생들은 이 비율이 다시 공부로 쏠리는데, 이렇게 볼 때 우리가 생각하는 '복'과 받기를 바라는 '복'은 '돈', '공부', '성공', 조금 더 해도 '건강' 정도밖에 존재하지 않는 것이나 마찬가지입니다.

아이들의 이런 대답은 사실 따지고 보면 어른들이라고 딱히 다를 것도 없습니다. 직장에서 승진할 때 행복을 느끼고, 돈이 많을 때 행복을 느낍니다. 돈도 보통 많아야 행복을 느끼는 게 아닙니다.

또 물질적이 것이 아니더라도 대부분 생활과 연관이 되어 있습니다. 아픈 곳이 없을 때, 걱정거리가 사라질 때, 예를 들면 노총각인 아들이 드디어 신붓감을 만나서 결혼할 때 얼마나 속이 시원하고 안심이 되겠습니까? 결국 어른이든 아이들이든 '행복이 뭔지 아니?'라는 질문에는 대부분 '상태의 행복'을 떠올립니다.

그런데 문제는 예수님을 믿고 따르는 그리스도인들조차 복에 대한 생각이 이와 크게 다르지 않다는 것입니다.

성경이 가르치는 복은 무엇입니까?
예수님이 말씀에서 가르치신 복은 상태가 아니라 심령과 품성입니다. 하지만 세상은 그렇지 않습니다. 쉽게 말하면 세상은 우리에게 "야, 임마! 돈 많으면 걱정 없잖아! 행복하잖아!"라고 가르칩니다. 그런데 문제는 그리스도인들조차 "먹고 사는 데 지장 없고 건강하면 행복한 거죠, 뭐"라고 생각한다는 것입니다.

우리 교회에 한 권찰님은 박스 만드는 기계를 조립하는 공장을 운영합니다. 사업이 잘 돼서 증축을 하신다고 해 예배를 드리러 갔는데 그분이 이런 말씀을 하셨습니다.

"목사님, 제가 아는 분 중에 200억 정도 매출이 되는 회사를 운영하시는 분이 있었습니다. 공장도 짓고, 집도 짓고 정말 아무런 문제가 없었습니다. 그런데 옆집에서 난 불이 옮겨 붙어서 가족들이 죽고 사업도 크게 손해를 봤습니다. 잘 나갈 때일수록 더 조심하겠습니다."

빚도 하나도 없고, 1년 매출이 200억인데 무슨 걱정이 있었겠습니까? 그러나 사람은 당장 내일 일도 알 수가 없습니다. 그래서 중요한 것이 어떤 상황에서도 하나님에 대한 마음을 잊지 않는 것입니다. 가장 잘될 때에도, 가장 안 될 때에도 하나님의 은혜를 붙잡아야 합니다. 그리고 하나님이 주신 큰 복을 이웃에게 흘려 보내야 합니다.

만일 누군가 "세상은 돈만 있으면 되잖아?"라고 말한다면, 또 그런 생각을 갖고 있다면 다음의 말을 분명히 기억하고 말해주십시오.

"가장 어려울 때도 하나님의 은혜가 우리와 함께하시면 우리
는 능히 이겨낼 수 있다. 하지만 아무리 잘 나가도 하나님이 우
리에게 등 돌리면 인간은 아무것도 아니다."

잘 되는 것도, 망하는 것도 한 순간입니다. 그렇기에 세상에서
의 행복은 그 어떤 것이 충족된다 하더라도 완벽할 수 없고, 영
원할 수 없으며, 진정한 행복이라 부를 수 없습니다. 오로지 하
나님이 주신 마음이 우리에게 있느냐, 성경이 말씀하는 복을 알
고, 그 복을 구하고 있느냐가 정말 중요합니다.

세상이 말하는 복

먼저 세상이 말하는 복이 무엇인지 알아보겠습니다.

'복'(福)이라는 한자를 보면 '하늘이 사람에게 내려서 보여주는
것'이라는 어원을 가진 상형문자 두 개가 합쳐져서 만들어진 것
인데, 그래서 시대에 따라 '복'은 다양한 모습으로 비춰졌습니다.
고대 중국은 '장수, 부, 편안한 마음, 심성의 곧고 바름, 편안한
죽음'을 오복이라 칭했고, 우리나라에서는 '치아의 건강', '현숙한
아내를 얻는 것'도 한때는 복이라 불렸습니다. 다시 말하면 결국
'복'이란 시대를 막론하고 사람들이 가장 가지고 싶어 하는 것과
가장 결핍되어 있는 것이라고도 볼 수 있습니다. 그래서 지금 이
시대에도 '세상이 말하는 복'에 대해서 정확히 정의할 수는 없지
만 크게 3가지로 나눌 수 있습니다.

1. 돈

미시건대학 연구팀의 조사에 의하면 연봉에 따라 자기 인생이 행복하다고 말한 사람의 비율입니다.

- 1만 달러 이하: 35%

- 3-4만 달러: 55%

- 50만 달러 이상: 100%

이 연구에 따르면 행복해지기 위해선 무조건 돈만 많이 벌면 되는 것으로 보입니다. 그런데 정말로 그럴까요?

물론 돈은 필요합니다. 단순하게 보면 돈이 많아서 나쁠 것이 없습니다. 하지만 그게 전부가 아니란 사실을 우리 주변 사람들을 조금만 돌아봐도 얼마든지 알 수 있습니다. 그러나 돈을 통해 얻을 수 있는 유익이 많기 때문에 눈이 멀어 다른 부작용들을 보지 못하고, 혹은 애써 외면하는 것입니다.

내가 아끼고 돈을 모아서 행복해지려고 하는 일들이 때로는 옆의 많은 사람들을 힘들게 하고 어렵게 만든다는 사실을 알아야 합니다. 좋은 브랜드의 옷을 싸게 사는 일, 심지어 커피 한 잔을 마셔도, 우리가 하루에 천 원, 이천 원 아끼려는 노력이 어쩌면 방글라데시나 에티오피아의 어린이들의 노동력을 착취하는 일일 수도 있습니다. 1시간에 260원 받는 그 아이들 노동 값이 되기 때문에 내 주머니에 돈 천 원 아낀다면 이건 문제가 있는 거 아닙니까? 그리고는 아무 문제 없이 떵떵거리며 잘 살고 있는 사람들이 만든 물건은 더 비싼 값을 주고 삽니다.

돈은 중요합니다. 그리고 꼭 필요합니다. 그러나 그것이 전부가 아니란 사실을 꼭 기억해야 하고, '예수님을 믿는 우리가 이 사회에서 어떻게 소비하고 어떻게 살아가야 할까?' 라는 생각 정도는 한 번쯤 깊이 해봐야 할 문제 같습니다.

"흩어 구제하여도 더욱 부하게 되는 일이 있나니 과도히 아껴도 가난하게 될 뿐이니라" - 잠언 11:24

2. 의미

사람들이 가장 바라는 복의 1순위는 '돈'입니다. 그런데 그 돈이 전부가 아니란 사실, 심지어 제도가 만들어 낸 허상이라는 사실을 깨달은 사람들도 있습니다. 그래서 이런 사람들은 인간의 행복을 돈이 아닌 한 차원 더 높은 단계에서 찾습니다.

독일의 철학자 칸트는 인간이 행복하려면 3가지 조건을 갖춰야 한다고 말했습니다.

첫째, 어떤 일을 할 것.

둘째, 어떤 사람을 사랑할 것.

셋째, 어떤 일에 희망을 가질 것.

돈이 아니라 우리가 하는 일, 만나는 일, 다가올 미래에 대한 의미가 행복을 만든다고 본 것입니다. 그런데 과학과 철학이 발달하고 '무신론'이 득세하면서 '허무주의적 사고방식'이 생겨났는데, 인생이 아무 의미가 없고, 창조주도 없으며, 죽으면 끝이라는 것입니다. 그렇다면 지금처럼 법을 지키며, 서로 배려하며 살아야 할 아무런 이유가 없습니다.

그래서 나온 것이 '낙관적 허무주의'(OPTIMISTIC NIHILISM)인데 "인생엔 의미도 없고, 창조주도 없지만 우리가 느끼는 감각과 즐거움은 현실이니 나를 즐겁게 하는 일들을 하면서 살아가자"라는 주의입니다. 그러나 정말로 죽으면 끝인 인생, 아무런 목적도 의미도 없는 인생에서 이런 생각을 하며 살 수 있을까요? 그것은 머리로는 생각할 수 있을지 모르지만 마음으로 믿기는 힘든 모래 위에 세운 집과 같은 행복입니다.

"그가 비록 천 년의 갑절을 산다 할지라도 행복을 보지 못하면 마침내 다 한 곳으로 돌아가는 것뿐이 아니냐" - 전도서 6:6

3. 관계

하버드대학교의 그랜트 박사는 200억 원을 들여 20대의 청년 300여 명을 그들이 죽을 때까지 75년 동안 조사했습니다. '그랜드 연구'라고 불리는 이 연구는 '무엇이 인간을 행복하게 하고, 또 불행하게 하는가?'를 조사하기 위한 것이었습니다.

그랜트 박사는 이 연구를 토대로 '행복의 비밀'이라는 책을 썼는데, 그 책에 나온 행복의 정의는 '행복은 오로지 사랑에서 온다'였습니다. 그리고 그 사랑을 위해 신경 써야 하는 것은 관계였습니다. 박사의 연구에 의하면 행복에 직접적인 영향을 미치는 것은 돈이나 다른 상황이 아니라 오로지 관계였습니다.

하지만 우리가 살면서 선택할 수 있는 관계는 거의 존재하지 않습니다. 태어난 가정을 선택할 수 없듯이, 결혼을 했다가 맞지 않아 이혼을 하고, 다시 사랑에 빠져 재혼을 해도 그 사람이 딱 맞는 사람이라는 보장이 없듯이, 정말로 관계가 행복에 중요한 것이라면 우리는 이 행복을 추구할 수도 또 구할 수도 없을 것입니다.

"보라 형제가 연합하여 동거함이 어찌 그리 선하고 아름다운고"
– 시편 133:1

이처럼 세상은 우리에게 필요한 복이 '돈'이고 어떤 식으로든 의미를 찾아야 하며, 사랑을 할 수 있는 좋은 관계가 있지 않으면 행복할 수 없다고 말합니다. 어쩌면 이 3가지가 모두 필요할지도 모릅니다. 그러나 저는 세상이 말하는 대로 이것들이 모두 충족이 된다 하더라도 여전히 사람은 진정한 행복을 모를 것이라고 자신 있게 말할 수 있습니다. 그래서 결국 세상이 말하는 복은 우리가 얻기도 힘들 뿐 아니라 얻어봤자 참된 행복을 줄 수 없는 것들입니다. 그래서 우리는 세상이 말하는 복이 아니라 성경이 말씀하는 복을 배우고 또 구해야 합니다.

성경이 말하는 복

교회 다니는 사람들도 이 복을 잘못 알면 기복신앙이 되기도 하고, 또 현실주의자가 되기도 합니다. 성경에는 아브라함과 같이 물질의 축복을 받은 사람도 나오고, 또 사도 바울 같이 가난하지만 하나님께 쓰임 받는 복을 받은 사람들도 나옵니다.

보통 우리나라 사람들이 생각하는 복의 개념은 계속 고이는 저수지의 개념입니다. 돈도 점점 굴려서 쌓이고, 자녀들도 많아지고, 직급도 올라가고… 그런데 성경에 나오는 히브리 개념의 복은 수로 개념의 흐름입니다. 아브라함에서 이삭으로, 이삭에서 야곱으로, 야곱에서 또 후손들에게로… 계속 받은 복을 흘려보내는 개념입니다.

그런데 시편 1편을 보면 진짜 복이 어떤 것인지 아주 똑 부러지게 나와 있습니다.

"복 있는 사람은 악인들의 꾀를 따르지 아니하며 죄인들의 길에 서지 아니하며 오만한 자들의 자리에 앉지 아니하고 오직 여호와의 율법을 즐거워하여 그의 율법을 주야로 묵상하는도다 그는 시냇가에 심은 나무가 철을 따라 열매를 맺으며 그 잎사귀가 마르지 아니함 같으니 그가 하는 모든 일이 다 형통하리로다" – 시편 1:1-3

이 '복 있는 사람'이 어떤 사람인지 1절부터 3절을 통해 알아 보도록 하겠습니다.

1. 안 해야 되는 일은 하지 않는 사람

시편 1편 1절을 보면 '복 있는 사람'은 '악인의 꾀를 따르지 않고', '죄인의 길을 서지 않고' 하는 식으로 하지 않아야 할 일에 대해서 계속해서 말하고 있습니다. 따르다 → 서다 → 앉다 이런 형식을 '점진적 동사'라고 합니다. 결국 1절에 나온 3가지 중에 하나만 따라도 복이 된다는 것이 아니라 악인의 꾀도 따르지 않고, 죄 인들의 길에 서지도 않고, 오만한 자들의 자리에도 앉으면 안 된 다는 말입니다. 양심을 지키고, 다른 사람들의 잘못을 따라하지 않고, 하나님을 믿는다고 말하며 기만하지 않는 것이 성경이 말 씀하는 복의 첫 번째 조건입니다.

그럼에도 우리는 잘못 살다가 후회합니다.

그런데 후회는 크게 '하고 난 뒤에 하는 것'과 '하지 않아서 하 는 것' 두 가지 종류가 있습니다. 후회에 대한 연구의 권위자인 미국 노스웨스턴 대학의 닐 로즈 심리학과 교수는 두 가지 후회 중에 한 행동에 대한 후회가 훨씬 아쉬움이 짧게 가고 사람을 성장시킨다고 했습니다. 그러나 이런 후회는 대부분 긍정적인 일 들, 예를 들면 꿈을 향한 도전이나 새로운 결심을 앞에 두고 망설일 때 적용되는 말이며 분명히 '하지 말아야 할 일'에 대한 일들에 대해선 적용되지 않습니다. '하지 말았어야 할 일'에 대한 후회는 결코 돌이킬 수 없습니다. 그러므로 '안 해도 되는 일'은 하지 않는 사람이 되십시오.

2. 말씀을 묵상하는 사람

시편 2절의 '주야로 묵상하는도다'를 영어성경으로 보면 '메디테이트'(meditates)라고 나와있습니다. 이 단어에는 '묵상'이라는 뜻 말고도 '계획하다'는 뜻이 있는데, 다시 말하면 말씀을 묵상한다는 것은 하나님의 말씀으로 내 삶을, 내 일을, 우리 가정을 계획하고 경영한다는 말입니다.

오만한 사람들이 "너희의 하나님이 어디에 있느냐?"라고 말하는 세상에서, 또 불법으로 성공한 사람들이 "거봐, 하나님 없이도 너보다 내가 더 잘 되잖아"라고 말을 해도, 복 있는 사람은 개의치 않고 하나님의 말씀으로 내 삶을 경영하고 하나님의 말씀으로 내 삶을 드립니다. 이 복이 세상에서 말하는 여러 가지 복보다 훨씬 귀한 복입니다.

세계 최대의 전자상거래 사이트인 아마존의 회의에는 모두가 볼 수 있는 곳에 비어 있는 의자가 놓여 있는 채로 진행됩니다. 창업자 제프 베조스는 회사 초창기 시절부터 회의에 꼭 '고객'이 앉아 있다고 생각하는 빈 의자를 갖다 놓는데, 고객이 가장 필요로 하는 것을 개발해야 한다는 사실을 잊지 않기 위한 장치입니다. 시애틀 본사에 있는 이 의자는 아마존 직원들 사이에서 '전설의 시작'이라고 불린다고 합니다.

미국의 사업가 스탠리 탐은 4명의 경영자가 실패해 물러난 플라스틱 제조 회사를 인수했습니다. 그는 하나님께 지혜를 구하는 도중 "예수님을 사장으로 모시고 경영해 보자"라는 감동을 받았습니다. 그리고 실제로 변호사의 자문을 받아 예수님 앞으로 회사 주식의 51%를 헌금하는 방식으로 느리고 실전했습니다. 예수님이 회사의 사장이자 대주주라는 생각을 하자 경영이 다를 수밖에 없었고 불의와 타협을 할 수가 없었습니다. 결과적으로 회사는 점점 성장했고, 매년 수십억 원의 순이익을 올리는 건강한 회사로 성장했습니다.

어떤 사람은 "돈도 못 벌고, 승진도 못하는데 말씀대로 사는 것이 무슨 복입니까?"라고 말할지도 모릅니다. 그러나 그 결정적인 차이가 바로 이어지는 3절에 나옵니다.

3. 때에 맞게 형통한 사람

시각장애인으로 한국인 최초로 미국 차관직까지 올라간 강영우 박사는 열네 살 때 아버지가 돌아가셨습니다. 그리고 15살 때 축구를 하다가 눈이 공에 맞아서 실명을 했는데 그 충격으로 어머니도 돌아가셨습니다. 졸지에 부모님을 모두 잃은 4남매는 뿔뿔히 흩어졌는데 2년 뒤에는 봉제공장에서 뒷바라지하던 누나도 죽고, 여동생은 고아원에 들어가게 됩니다.

이런 절망적인 상황에서 19살에 맹인학교에 입학했는데, 그때 숙명여대 1학년인 석은옥 학생이 자원봉사로 맹인학교에 왔다가 강영우를 만납니다. 그리고 강영우를 5년간 도우며 공부를 시키고 결혼을 했습니다. 그때, 그 순간에 석은옥이라는 대학생이 강영우를 맹인학교에서 만나지 않았으면 지금 우리가 아는 강영우 박사는 없었을 것입니다.

딱 이때가 안 되면 절대로 안 되는 절묘한 순간, 성경이 말하는 복 있는 사람은 그때에, 바로 적시에, 거기에서 필요한 사람을 만나는 것입니다..

"시절을 좇아 열매를 맺으며, 철을 따라 열매를 맺으며"라는 뜻은 봄에는 딸기가 열리고 여름에는 수박이 열리듯이 **'바로 적시에, 적합하게, 꼭 그때에'**라는 뜻입니다. 다시 말하면 성경이 말하는 정말 복 있는 사람은 무조건 많이 가지거나 끝도 없이 높은 자리에 올라가는 게 아니라 정말 꼭 필요한 적시에, 꼭 그때에 하나님의 도움이 알맞게 찾아온다는 겁니다. 할렐루야!

다시 말하지만 복이 있는 사람은 무조건 많이 있는 게 아닙니다. 뭐든지 많이 가진 만큼 더 짐이 있습니다. 우리 속담에 천석꾼은 천 가지 걱정, 만석꾼은 만 가지 걱정이 있다고 합니다. 우리는 무조건 많이 있으면 복이라고 말하는데 성경에서 말하는 진짜 복 있는 사람은 정말 내가 꼭 필요한 그때에, 적시에 적합하게, 꼭 맞게 하나님의 도움이 바로 그 자리에 찾아오는 것을 경험하는 사람입니다.

창세기 24장에 이삭의 아내 리브가의 이야기도 그렇습니다. 아브라함의 늙은 종이 메소포타미아 지역을 갔을 때 그 수많은 사람 중 리브가가 등장을 했고 낙타들에게 물을 줬습니다. 성경을 보면 늙은 종이 하나님의 은혜를 구하면서 '제가 이러이러할 테니 이러이러한 사람을 보내주세요'라고 기도를 합니다. 그런데 잠시 뒤도 아닌 '말을 마치기도 전'에 리브가가 나타납니다.

> "그가 이르되 우리 주인 아브라함의 하나님 여호와여 원하건대 오늘 나에게 순조롭게 만나게 하사 내 주인 아브라함에게 은혜를 베푸시옵소서 성 중 사람의 딸들이 물 길으러 나오겠사오니 내가 우물 곁에 서 있다가 한 소녀에게 이르기를 청하건대 너는 물동이를 기울여 나로 마시게 하라 하리니 그의 대답이 마시라 내가 당신의 낙타에게도 마시게 하리라 하면 그는 주께서 주의 종 이삭을 위하여 정하신 자라 이로 말미암아 주께서 내 주인에게 은혜 베푸심을 내가 알겠나이다 말을 마치기도 전에 리브가가 물동이를 어깨에 메고 나오니 그는 아브라함의 동생 나홀의 아내 밀가의 아들 브두엘의 소생이라 그 소녀는 보기에 심히 아리땁고 지금까지 남자가 가까이하지 아니한 처녀더라 그가 우물로 내려가서 물을 그 물동이에 채워가지고 올라오는지라" - 창세기 24:12-16

이게 바로 복있는 사람, 성경이 말하는 형통한 사람의 삶입니다. 진짜 복 있는 사람은 최악의 상황에서도 최선의 일이 일어납니다.

요셉이 형들에게 죽음을 당할 위기에 빠졌던 때도 그렇습니다. 창세기 37장에 보면 세겜에서 아버지 야곱이 양치는 형들에게 가보라고 합니다. 요셉이 갔는데 그 형들이 "야 꿈꾸는 자가 온다. 뭐 우리가 자기한테 절을 해? 잘난 척했으니까 우리가 죽여버리쟈" 라고 말을 합니다.

그런데 르우벤이 "우리가 뭐 죽일 필요가 있냐" 라고 말합니다. 그리고 그때 그 앞을 지나가는 아랍 상인들에게 20냥을 받고 동생 요셉을 노예로 팔아버립니다. 그때 마침 아라비아 상인들이 딱 나타나지 않았으면 애굽의 총리 요셉은 없습니다.

출애굽기 2장에 보면 아기 모세가 나일강을 떠내려갈 때 바로의 공주가 그때 목욕하러 오지 않았으면 모세도 죽었고 출애굽의 역사도 없습니다.

성경이 말하는 진짜 복있는 사람은 이런 형통함이 있는 사람입니다. 때론 어려울 수 있습니다. 그것도 보통 어려운 게 아니라 내가 상상하지 못했던, 내가 생각하지 못했던 어려움이 내 생각보다 훨씬 많이 덮쳐올 수도 있습니다. 실직할 수도 있고, 사업에 실패할 수도 있고, 믿었던 친구에게 사기당할 수도 있습니다. 그러나 잊지 말아야 할 것은 하나님의 말씀을 묵상하며 어찌되

었든 내 삶을 경영하려고 노력하는 사람들은, 즉 비록 완벽하진 못해도 하나님의 말씀으로 내 삶을 살아가려고 애쓰는 그 사람에게는 꼭 필요할 때, 꼭 필요한 하나님의 도움이 찾아옵니다.

그렇기에 많이 가졌다고 자랑하는 세상 사람들 부러워할 필요도 없고, 그들처럼 살 필요도 없습니다. 진짜 복이 없는 사람들은 아무리 많이 가졌다 한들 하나님이 주시는 은혜를 맛볼 수도 없고, 불안함에 떨며 살뿐입니다. 그래서 하나님의 말씀은 이런 사람들이 누리는 복을 '바람에 나는 겨'라고 표현하고 '하나님이 인정하지 않기에 망한다'고 확신있게 말합니다.

결국 진짜 복있는 사람은 하나님의 말씀을 주야로 묵상하는 사람이입니다. 악인의 꾀를 쫓지 않고, 죄인의 길에 서지 않으며, 오만한 자의 자리에 앉지 않을 때 하나님이 주시는 때에 맞는 형통함을 누릴 수 있습니다. 할렐루야!

저 한번 따라서 합시다.

"복 있는 사람이 됩시다!"

저희 교회 앞에 있는 아파트 단지가 입주할 때였습니다.

입주하기 전에 사전입주 점검을 한다고 해서 주일날 제가 우리 안수집사님들하고 전도하러 나간 적이 있었습니다. 다른 분들은 전도를 하러 먼저 가셨고, 지금은 장로님이시지만 그 당시는 안수집사님이셨던 한상호 장로님과 황성진 권찰이라는 분과 제가 좀 늦게 도착을 했습니다.

그런데 이 황성진 권찰은 키가 180cm 정도에 몸무게 110킬로나 되고 목도 짧고 두꺼워서 제가 얼굴이 어깨랑 붙어있다고 표현할 정도로 거구였습니다. 그런데 저희가 도착을 하고 나니까 저희 교회 집사님들이 거기 관리하는 사람들과 한바탕 싸움을 벌이고 있었습니다.

"아니 왜 못 들어가? 어딜 못 들어간단 말이야? 우리가 장사하러 왔어?"

무슨 목적인지 관리인들이 그냥 전도를 하러 온 집사님들을 협박하면서 길을 막고 있었습니다. 나중에 들어보니 새로 지은 아파트에 알루미늄 새시를 맡는 업체가 굉장한 이익권이 있는데, 보통 커미션을 주기로 한 업체가 아니면 조폭들이 나서서 다른 업자들은 못 오게 관리를 한다고 했습니다. 그런데 먼저 온 조직들이 저희를 경쟁업체로 착각하고 못 들어가게 막고 있는 상황이었습니다. 저는 그쪽 세계를 잘 모르지만 딱 봐도 다들 평범한 사람들은 아닌 것 같았습니다.

앞에서는 지금 집사님들이랑 장로님들이 조폭 같은 사람들이랑 싸우고 있지, 뒤에 천막 친 곳에서는 다른 조직원 같은 사람이랑 두목 같아 보이는 사람들이 쳐다보고 있지, 게다가 저는 또 목사지, 이걸 도대체 어떡해야 되나 하고 얼이 빠져 있는데 갑자기 아까 말한 목 짧은 황성진 권찰이 혼자서 천막으로 걸어 갔습니다. 그러더니 두목 같아 보이는 사람이랑 갑자기 어디론가 사라졌습니다.

그때 든 생각이 '아, 이거 진짜 큰일났구나…' 하면서 행여나 일이 커져서 어디 뉴스에라도 나오는 거 아닌가 안절부절 하고 있었는데, 조금 후에 황 권찰이 두목을 데려오더니 저한테 "목사님, 알고 봤더니요 제 후배더라구요"라며 인사를 시켰습니다. 그러더니 그 두목이 저한테 갑자기 "안녕하십니까!" 하면서 90도로 인사를 했습니다. 그 뒤로도 비슷한 일이 몇 번 있을 때마다 황 권찰이 나서서 저는 잘 모르겠지만 '자기 후배'라며 상황을 쫙 정리했는데, 가는 곳마다 후배들한테 "우리 성만교회는 쫙 깔아 드려라잉"라고 말을 해줘서 새로 아파트 들어올 때마다 우리가 얼마나 전도를 잘했는지 모릅니다. 물론 황 권찰이 과거에 그런 일을 했던 건 결코 자랑할 건 아니지만, 그래도 황 권찰이 없었으면 그때 엄청 어려움을 겪고 전도도 많이 힘들었을 겁니다.

즉 복 있는 사람이란 모세가 나일강 물에 떠내려 갈 때 바로의 공주가 적시에 목욕하러 나와서 만났던 것처럼, 요셉이 구덩이에서 죽어갈 때 이스라엘 상인들이 적시에 그 길을 지나다 요셉 형제들을 만나 "죽일께 뭐 있냐?" 해서 구출되어 보디발 집에 팔린 것처럼, 적시에 적합하게 꼭 그때에 하나님의 도움을 받는 사람입니다.

5

첫 표적의 의미는 무엇인가?

우리 교회의 표어는 "진지한 신앙, 즐거운 생활"입니다. 그런데 오늘날 교회의 모습은 어떠해야 한다고 생각하십니까? 예수님처럼 섬기는 모습을 갖고 있는 교회? 제자 삼는 교회? 성령의 인도를 받는 교회? 예수님께서는 이 땅에 오셔서 첫 표적에 주님이 원하시는 모습을 보여주시며 사역을 시작하셨습니다. 그 첫 표적의 의미는 무엇일까요?

예수님이 이 땅에 계실 때에는 수많은 기사와 이적과 표적을 나타내셨습니다.

죽은 자를 살리기도 하셨고, 문둥병자를 고치셨고, 오병이어의 기적을 보이셨고, 물고기 입에서 한 세겔의 돈을 얻기도 하셨습니다. 예수님이 행하신 이적들은 하나님의 아들이 아니고서는 그 누구도 할 수 없는 것들이었습니다. 요한은 예수님의 이적들을 두고 행하신 일이 너무 많아서 낱낱이 기록을 한다면 세상의 모든 책에 적어도 부족할 것이라고 말했습니다.

"예수께서 행하신 일이 이외에도 많으니 만일 낱낱이 기록된다면 이 세상이라도 이 기록된 책을 두기에 부족할 줄 아노라" - 요한복음 21:25

그런데 이런 수많은 이적 중에 예수님이 첫 번째로 행하신 이

적은 가나의 혼인잔치에서 물로 포도주를 만든 사건입니다. 예수님이 행하신 이적들에는 크고 작음에 상관없이 모두 분명한 목적이 있었습니다. 바로 무미건조한 물같이 살아가는 세상 사람들의 인생을 맛과 향이 있고 썩지 않을 포도주로 변화시킬 방법이 무엇인지를 나타내신 것입니다. 이 사실을 알지 못한다면 아무리 성공한 인생도, 멋들어진 인생도, 아무런 맛과 향을 가지지 못하고 언젠가는 썩게 되는 물과 같은 인생으로 살아갈 뿐입니다.

저도 어느덧 나이를 좀 먹어 머리도 희끗해지고, 여러 사람을 만나도 보니까 갈수록 사람들 사는 것이 다 비슷하다는 생각이 들곤 합니다. 3천 년 전의 사람을 지금 데려다 놓으면 10대는 공부 때문에 고민하고, 40대는 직장 문제, 50대는 은퇴 후의 삶을 가지고 고민할 겁니다.

성경은 이런 모습을 '세상의 풍조를 따라 사는 삶'이라고 말합니다.

"그때에 너희는 그 가운데서 행하여 이 세상 풍조를 따르고 공중의 권세 잡은 자를 따랐으니 곧 지금 불순종의 아들들 가운데서 역사하는 영이라 전에는 우리도 다 그 가운데서 우리 육체의 욕심을 따라 지내며 육체와 마음의 원하는 것을 하여 다른 이들과 같이 본질상 진노의 자녀이었더니" - 에베소서 2:2-3

이 말씀에 나오는 이 세상 풍조를 좇는다는 것은 이 세상이

가는 길을 사람들이 따라 산다는 말입니다. 다시 말하면 '이러니 저러니, 잘났니 못났니' 해도 결국 사람들 사는 게 다 거기서 거기란 말입니다. 사람들 사는 거 다 비슷합니다. 그래서 사람들이 생각하는 행복의 조건도 대개는 거기서 거기입니다.

돈, 사랑, 성공 등등의 것들 말입니다. 그러나 이러한 세상 행복의 조건들을 갖추어도 우리 삶은 메말라 있기 마련입니다.

성경이 말하는 행복

그런데 이런 무미건조한 인생을 바꿀 수 있는 방법이 있습니다. 아무리 발버둥치고 노력해도 맛도 없고, 향도 없고, 결국 썩어버리는 물과 같은 인생을 살 수밖에 없는 우리들을 향긋한 향과 다양한 맛, 오래 뒤도 변하지 않는 포도주처럼 변하게 할 수 있는 비밀이 있습니다.

1. 포도주의 비밀

예수님이 이 땅에 와서 행하신 첫 번째 표적은 물로 포도주를 만드신 가나안 혼인 잔치의 기적입니다. 대부분은 이 기적을 예수님이 어머님을 위해 베푼 기적, 혹은 메시아임을 가까운 사람들에게 보이기 위한 기적 정도로 이해를 하는데, 저는 이 기적에 아주 중요한 메시지가 담겨있다고 봅니다.

물은 맛이 없습니다. 물은 색이 없습니다. 물은 향기가 없습니다.

게다가 오래 두면 아무리 보관을 잘해도 썩습니다. 그런데 이물을 썩지 않게 보관할 수 있는 유일한 방법은 포도주로 만드는 것입니다. 포도주는 맛이 있습니다. 포도주는 색이 있습니다. 포도주는 향기가 있습니다. 포도주는 오래될수록 오히려 숙성이 되면서 가치가 올라갑니다. 물을 썩지 않고 보관할 수 있는 유일한 방법은 어찌 보면 콜럼버스의 달걀처럼 생각될 수도 있지만 포도주로 만드는 방법밖에는 없습니다.

예수님이 이 땅에 오셔서 처음 행하신 표적이, 저는 그냥 사람들에게 좋은 포도주 먹이려거나 어머니의 체면을 위해서 행하셨을 거라고 생각하지 않습니다. 이 안에는 분명한 메시지가 담겨 있습니다.

"야, 너희들 아무리 날고 뛰어봤자 거기서 거기인 인생이야. 물처럼 맛도 없고 향도 없고 색깔도 없고 시시하게 살다가 결국 죽어서 영원히 썩을 인생이라고. 그런 인생을 바꾸려고 내가 왔어. 맛도 좋고 향도 좋아. 나는 너희들을 **영원히 썩지 않을 인생으로 만들어 주는 것이 내가 여기 온 이유야.**"

믿으십니까? 할렐루야!

"사흘째 되던 날 갈릴리 가나에 혼례가 있어 예수의 어머니도 거기 계시고 예수와 그 제자들도 혼례에 청함을 받았더니 포도주가 떨어진지라 예수의 어머니가 예수에게 이르되 저들에게 포도주가 없다 하니 예수께서 이르시되 여자여 나와 무슨 상관이 있나이까 내 때가 아직 이르지 아니하였나이다 그의 어머니가 하인들에게 이르되 너희에게 무슨 말씀을 하시든지 그대로 하라 하니라 거기에 유대인의 정결 예식을 따라 두세 통 드는 돌항아리 여섯이 놓였는지라 예수께서 그들에게 이르시되 항아리에 물을 채우라 하신즉 아귀까지 채우니 이제는 떠서 연회장에게 갖다 주라 하시매 갖다 주었더니 연회장은 물로 된 포도주를 맛보고도 어디서 났는지 알지 못하되 물 떠온 하인들은 알더라 연회장이 신랑을 불러 말하되 사람마다 먼저 좋은 포도주를 내고 취한 후에 낮은 것을 내거늘 그대는 지금까지 좋은 포도주를 두었도다 하니라 예수께서 이 첫 표적을 갈릴리 가나에서 행하여 그의 영광을 나타내시매 제자들이 그를 믿으니라" – 요한복음 2:1-11

그냥 교회에 다니는 사람은 물 같은 사람입니다.

교회에는 나오는데 이게 세상 사람인지 성도인지 향으로도 맛으로도 도저히 알 수가 없습니다. 그런데 한 가지 차이점이 있습니다. 비록 물처럼 사는 성도라 할지라도 교회에 나오고 있고, 간절한 마음이 있다면 언제든지 포도주로 바뀔 기회가 주어진다는 것입니다.

진짜 예수님을 믿는 사람이 되면 이제 물의 인생이 아닌 포도주 인생이 됩니다. 포도주가 된 사람들은 예수님이 언제나 내 안에 계시기 때문에 뭐가 달라도 다릅니다. 뭐가 다르다고 굳이 말을 할 필요가 없습니다. 물이랑 포도주랑 뭐가 다른지 설명을 해줘야 알 수 있는 사람이 있습니까? 그냥 딱 보면 물은 물이고, 포도주는 포도주입니다. **예수님이 주시는 충만한 기쁨과 행복이 넘치는 삶이 포도주의 삶입니다.**

그런데 내가 분명 교회를 잘 다니고 있고, 구원의 확신도 분명한 것 같은데 아직 물과 같은 삶이라고 생각된다면 먼저 기도 생활을 점검해 봐야 합니다.

2. 기도

제가 처음에 40평 조금 안 되는 곳에서 교회 개척을 했을 때 일흔이 넘은 권사님 한 분이 계셨습니다. 딸은 노량진 수산시장에서 장사를 했는데, 이 권사님이 저희 교회 성도님도 아닌데도 자신은 기도가 사명이라면서 매일 밤마다 우리 교회에 와서 철야를 하셨습니다. 나중에 알고 보니 이런 기구한 인생이 또 없었습니다. 남편과 일찍 사별을 해서 50년을 과부로 사셨고, 외로움을 달래러 술 담배에 빠져 살고, 굿도 자주하고 무당들 만나러 다니면서 거의 50년을 사신 분이었습니다.

그런데 이렇게 물도 그냥 물이 아닌 구정물 같은 삶을 살다가 예수님을 만나고는 바로 포도주가 됐습니다. 예수님이 그분 삶

속으로, 믿음으로 바로 들어오면서 변화가 즉시 일어났습니다. 그래서 이제 굿이 아니라 매일 교회에 와서 철야를 하면서 밤새 기도하는 삶이 됐습니다. 매일 밤 딸을 위해서, 저를 위해서, 우리 교회를 위해서 기도를 해주셨는데 교회를 개척하고 모든 것이 불안했던 제 입장에서 비록 우리 교회 다니는 성도는 아니었지만 이보다 더 큰 힘이 되는 일이 없었습니다.

그런데 이분이 몸이 너무 힘들어서 몇 주간 철야를 빠지셨습니다. 그리고 다시 나오셨는데 철야를 그만두자마자 몸도 다치고 더 안 좋아져서 기도를 계속해야겠다고 느꼈다는 말씀을 저한테 하셨습니다. 글도 몰라서 제 입모양을 보고 찬송을 따라 부르고, 그냥 성경을 보기만 하지 읽지를 못하시는데 그럼에도 매일 밤 와서 찬송하고, 성경보고 기도를 쉬지 않으셨습니다. 이분이 예수님을 만나고 사시다가 굉장한 깨달음을 얻으셨는데 하루는 저한테 이런 말을 하셨습니다.

"목사님, 교회는 말이 많으면 안 되는지라. 기도가 많아야 된당께요."

그런데 이분한테 얼마나 놀라운 일이 일어났느냐 하면 글을 몰라 책도 못 읽고, 한평생 그렇게 헛되게 살아오셨는데 성령님이 주시는 지혜가 이분을 통해서 막 흘러넘쳤습니다. 저희 교회 개척했을 때, 대학도 나오고 공부도 열심히 하는 젊은 여자 성도들이 이 권사님을 찾아가서 상담을 했을 정도였습니다. 그런데 이 권사님이 아는 게 뭐가 있겠습니까? 그런데도 이야기를 나누다보면 눈물 쏟으면서 큰 위로를 받는 모습을 봤습니다.

아는 게 없고, 지금껏 허송세월 했어도 예수님을 만나고 포도주가 되니까 이런 일들이 일어날 수 있었습니다. 그리고 이런 일을 가능하게 하는 첫 번째 조건이 바로 기도입니다. 만약 교회에 다니고 있는데도, 예수님을 구주로 고백하는데도 아직 삶이 물과 같다면 내 삶에 기도가 부족하지는 않은지 살펴봐야 합니다.

그리고 아직도 물과 같은 인생이라고 생각된다면, 이제 순종 생활을 점검해 보십시오.

3. 순종

앞에서 에베소서 2장의 말씀을 통해 인생은 다들 별 거 없는데, 결국 '세상의 풍조'를 따라 살아가게 되어 있다고 말씀드렸습니다. 그 말을 다시 풀면 세상의 말(법칙)에 순종하며 살아간다는 말과 같습니다. 다들 이렇게 사니까, 이게 행복이라고 하니까 뭘 알지도 못하면서 나도 모르게 그런 사상과 분위기에 빠져 나도 그렇게 살고 자녀들에게도 그렇게 살라고 강요하는 것이 우리의 인생입니다. 그런데 성도는 이런 세상의 풍조를 따르지 말고 하나님이 주시는 음성을 따라 순종하며 살아가야 합니다.

제가 목사지만 저도 별 생각 없이 살면 세상의 풍조를 따라가게 됩니다. 다른 5, 60대들 살아가는 것처럼 재테크에 관심을 갖고, 편안한 노후를 보내려면 어떡할지에 관심이 쏠려서 그런 일을 하며 살아가게 돼 있습니다. 그런데 예수님은 이런 삶을 원하시지 않습니다. 그래서 끊임없이 우리에게 말씀하시는데 문제는 우리가 이런 말씀에 귀를 닫고 순종하지를 않습니다. 우리가 정말 예수님을 믿고 있으면 예수님이 우리 마음에 말씀을 주십니다. 진짜 예수님 믿으면 성령님이 우리 양심에 대고 "너 이렇게 이렇게 해"라고 감동을 주십니다. 그 음성을 들을 수 있어야 됩니다. 그게 안 들리거나 혹은 안 들으면 여전히 포도주가 되지 못하고 세상 사람이랑 똑같이 물로 살아갑니다.

제가 스무 살 때 자동차 회사를 다니다가 예수님을 만났(믿었)습니다. 그런데 그때부터 하나님이 계속 '너는 신학 해야 돼', '이제 신학을 해' 이런 말씀을 마음에 주셨습니다. 그런데 당시 저는 그럴 형편이 아니었습니다. 아버지는 사업하다가 실패하셔서 하루 종일 집에 몸져 누워계셨고, 고등학생인 여동생 하나, 중학생 남동생 둘을 제가 공부시켜야 했습니다. 나중에는 아버지 병간호까지 해야 했습니다.

이런 상황에 제가 신학을 어떻게 합니까? 그러다 도저히 그 부르심을 거절할 수가 없어서 청년부 부장선생님을 찾아가 '신학을 하면서 돈을 벌 수 있는 방법이 있는지'를 여쭸습니다. 그러자 새벽에 농산물 시장 가서 리어카를 나르면 일하면서 공부도 할 수 있다고 말해주었습니다.

제가 그래도 대기업 자동차 회사를 다니고 있었는데, 졸지에

리어카 끌고 돈은 훨씬 적게 받으면서 안 쓰던 머리로 공부도 해야 되고, 가족도 부양해야 되고 이게 도저히 말이 안 되는 상황이었지만 그래도 순종했습니다. 그리고 이제 와서야 만약 그때 하나님의 음성에 순종하지 않았으면 나도 진짜 물처럼 살았겠구나 이런 생각이 들 때가 많습니다.

우리 모두 마찬가지입니다. 예수님을 믿으면 하나님이 내 마음에 계속해서 하나님의 뜻이 무엇인지를 말씀해 주신다는 사실을 잊어서는 안 됩니다.

다시 처음에 드렸던 질문을 드리겠습니다.

"예수님을 믿고 나서도 기쁨이 없으십니까?"

기도하지 않고 또 마음에 주시는 하나님의 음성을 자꾸 거부하고 있지는 않습니까? 하나님의 음성이 계속 들리는데도 거부를 하면 나중에는 습관이 되어서 잘 들리지가 않게 됩니다. 그걸 성경은 '완악한 마음'이라고 말합니다. 그런데 하나님의 부르심을 어떤 상황에서도 순종하며 살다 보면 고생을 해도 기쁨이 있고, 내 뜻대로 인생이 안 풀려도 행복하고 그렇습니다. 그리고 시간이 훌쩍 지나보면 결국 내가 바라고 꿈꿔왔던 것보다 인생이 훨씬 근사하고 멋진 인생으로 완성이 되어 있습니다.

그렇다고 하나님의 음성에 순종하는 것에 너무 겁을 먹을 필요는 없습니다.

하나님은 내 믿음만큼, 능력만큼만을 정확히 요구하십니다. 제가 계속해서 말하고 있는 이 하나님의 음성은 어느 날 갑자기 하늘에서 천둥처럼 들리는 큰 음성이 아닙니다. 그러나 그 음성은 하나님이 나를 창조하신 목적이며 인생의 행복을 위해서 반드시 따라야 할 지침입니다.

태어나고 싶어서 태어난 사람은 이 땅에 단 한 명도 없습니다. 다만 하나님께서 우리를 이 땅에 보내셨습니다. 이 사실을 신학적 용어로 아포스톨로스(ἀποστόλος)라고 하는데, 하나님이 나를 이 땅에 보내신 것은 이 땅에서 내가 무언가를 하길 바라는 하나님의 뜻이 있다는 것입니다. 그 뜻이 다 목회자가 돼서 설교하고 어디 선교 가라는 소리가 아닙니다. 아이를 잘 키우는 것도 하나님이 보내신 목적이 될 수 있고, 무너져 가는 가정을 잘 일으켜 세우는 것도 목적이 될 수 있습니다.

하나님은 지금 내 상황에, 내 능력에, 내 믿음의 분량에 맞게 나에게 미션을 주십니다. 하나님이 지금 나의 삶에, 나의 믿음에 대해서 뭐라고 말하고 계시는가? 이걸 듣지 않으면 교회를 10년을 다녔든 20년을 다녔든 30년을 다녔든… 아무런 변화가 일어나지 않고 계속 물처럼 살아갑니다.

진짜 행복을 원하십니까?

그러면 세상 풍조가 아니라 진짜 예수님을 좇아, 진짜 신앙생활을 시작해야 합니다. 정말 교회 다니고 정말 예수님 믿으십니까? 그러면 기도해야 하고, 하나님이 주시는 음성에 순종해야 합니다. 먼저 기도할 줄 알고 하나님의 음성에 즉각적으로 순종하는 모습이 있을 때 비로소 진짜 신앙생활이 시작됩니다. 아직은 내가 너무 물처럼 느껴지더라도 예수님께 간절한 기도와 순종함으로 인해 조금씩 포도주로 변해가고 있음을, 또 그렇게 변화시켜 주실 줄을 믿으십시오.

6

충성과 지혜

신앙생활은 어떻게 해야 할까요? 열심히? 최선을 다해서? 지금 내가 하고 있는 신앙 생활이 우리 각자의 소견에 옳은대로 하는 것이 아니라, 우리 주님이 성경에서 "말세에 너는 이렇게 살아야 한다"라고 가르쳐주신 성경적인 신앙 생활의 모습입니까?

20대 초반 누구나 방황하는 청춘일 때 저는 집안의 생계와 동생들의 학업을 책임지는 위치에 있었습니다. 그래서 겉으로는 성실하게 일도 하고 가정도 책임지는 것 같아 보였지만 내면에는 인생에 대한 심각한 갈등과 고뇌가 자리 잡고 있었습니다.

그러다 우연히 태어나서 처음으로 금요기도 모임에 참석했습니다.

목사님의 설교가 끝나고 기도모임을 시작할 무렵, 눈을 감고 막 기도를 시작하려고 하자마자 갑자기 제 눈앞에 환상이 보였습니다.

제가 살던 시대에는 초등학교 때 모든 교과서의 표지가 고속

도로였는데 그 길을 제가 차를 몰고 가고 있었습니다. 그런데 운전은 제가 하고 있지만 옆과 뒤에는 마치 천사처럼 보이는 사람들이 타고 있었습니다. 그렇게 차를 몰고 가다가 어떤 교회 예배당이 보이기 시작했는데 사람이 너무 많아서 서서 예배를 드릴 정도였고, 그 앞에 강단에 서 있는 사람이 바로 저였습니다. 예배당이 커서 뒤편밖에 보이지 않았지만 앞에 서 있는 사람이 바로 저라는 건 분명한 느낌으로 알 수 있었습니다.

당시 저는 이런 깃이 환상인지도 몰랐고, 이런 것에 대해 누가 가르쳐주는 사람도 없었습니다. 가끔 그런 얘기를 들을 때 '환상? 에이, 뭐 그런 거 다 착각 아니야?' 이런 생각을 하기도 했습니다. 그런데 그저 가슴이 너무 답답해도 어디 하소연할 때도 없어서 그저 뜨겁게 기도하려고 참석한 금요예배에서 이런 경험을 하게 되어 깜짝 놀랐습니다. 그리고 이때 이후로 그냥 교회 다니는 신앙생활이 조금씩 바뀌기 시작했고 몇 달 뒤, 예수님을 구세주와 주님으로 뜨겁게 만나는 체험을 했습니다.

그런데 그 뒤부터 자꾸 마음에 '찬용아, 이제 신학 해야지?'라는 물음이 들려왔습니다.

당시 사업 실패로 쓰러진 아버지를 간호하며, 어린 동생들을 공부시켜야 했던 제게는 사실상 불가능한 것이었습니다. 그러나 결국 이 부름을 거부할 수 없었기에 신학을 시작할 수밖에 없었습니다. 다른 사람들은 너무도 무모하고 책임감 없는 행동처럼 생각했겠지만 도저히 거부할 수가 없었습니다. 이 경험을 통해 저는 제 계획보다, 생각보다 훨씬 더 크신 하나님의 인도함이 있다는 걸 알게 됐고, 그 인도하심을 따르는 것이 신앙생활임을 깨닫게 됐습니다.

신앙생활은 어떻게 해야 할까요?

예수님을 잘 믿는다는 것, 말씀대로 산다는 것은 어떤 삶일까요?

신앙생활을 하는 사람들은 이 질문에 대해 각자의 대답들을 갖고 있을 겁니다. 설령 생각해보지 못했다 하더라도 지금 내가 하고 있는 신앙생활이 그 생각을 대변합니다. 저 역시 가장 힘들고 어려웠을 때 하나님의 인도하심을 따르지 않았으면 교회는 나간다 한들 별 볼일 없이 그저 그런 삶으로 하나님이 부어주시는 진짜 은혜와 축복을 맛보면서 살고 있지는 못했을 것입니다.

그런데 성경을 보면 주님은 2000여 년 전에 아주 분명하게 우리에게 말세의 징조에 대해서 말씀하시고, 그 시대에 사람들이 살아가는 모습들에 대해서도 말씀해 주셨습니다. 그리고 예수님을 따르는 제자들에게 세상 사람들은 그런 모습으로 살아가겠지만, 너희들은 이렇게 살아야 한다고 부탁하신 내용이 있습니다. 그러므로 신앙생활을 한다는 것은 그 말씀이 무엇인지를 바르게 알고, 또 지켜 행하는 것입니다.

세상 사람들은 어떤 모습으로 살아가는가?

"노아의 때와 같이 인자의 임함도 그러하리라 홍수 전에 노아가 방주에 들어가던 날까지 사람들이 먹고 마시고 장가가고 시집가고 있으면서 홍수가 나서 그들을 다 멸하기까지 깨닫지 못하였으니 인자의 임함도 이와 같으리라" – 마태복음 24:37-39

천지를 창조하신 주님은 꼭 다시 오십니다.

그런데 언제 오신다거나 무슨 징조가 있다거나 하는 말이 없습니다. 그래서 우리는 그때를 알지 못합니다. 대신 성경은 그때 사람들은 "노아의 때와 같이 인자의 임함도 그러하리라"라고 말합니다. '그러하리라', 즉 주님이 다시 오실 때의 사람들은 노아의 때의 사람들과 같다는 것입니다.

노아의 때에 사람들은 어떻게 살아가고 있었을까요?

하나님의 계시를 받은 노아는 외칩니다.

"하나님이 큰 홍수를 보내실 겁니다, 방주 안으로 들어오세요!"

그러나 단 한 명의 사람도 방주에 들어가지 않습니다.

왜 안 들어갔을까요? 그 사람들에게 중요했던 건 먹고, 마시고, 장가가고, 시집가는 일이었기 때문입니다. 세상의 일에 마취되어서 노아의 말이 들리지 않은 것입니다.

지금 시대로 치면 어떠할까요?

"저 지금 시험 때문에 공부해야 돼서 바빠요."

"내가 지금 중요한 사업 계약하러 가야 되는데, 무슨 배를 산 꼭대기에 만들어놓고 미친 소리를 하고 있어?"

지금 우리 시대의 화두가 무엇입니까?

조금 더 솔직하게, 나의 관심은 온통 어디에 쏠려 있습니까? **돈 아닙니까?** 우리는 먹고 사는 문제를 해결하기 위해 발버둥 칩니다. 돈 문제, 결혼 문제, 어떻게 하면 잘 사는 것인가 등등 이런 문제들에서 벗어나 살아가는 사람이 얼마나 있습니까? 이스라엘이 멸망하고 또 회복되었을 때, 사람들은 다 돈에 미쳐서 살아갑니다. 성경 말씀은 틀리지 않았습니다. 지금 우리는 먹고 마시고 장가가고 시집가는 문제에 미쳐 살아갑니다.

우리는 신앙생활을 어떤 모습으로로 해야 하는가?

그렇다면 이런 시대에서, 우리는 어떤 모습으로 신앙생활을 해야 할까요?

먼저 말씀을 보겠습니다.

"무화과나무의 비유를 배우라 그 가지가 연하여지고 잎사귀를 내면 여름이 가까운 줄을 아나니" - 마태복음 24:32

마태복음 21장 19절에서 예수님은 무화과나무를 저주하셨습

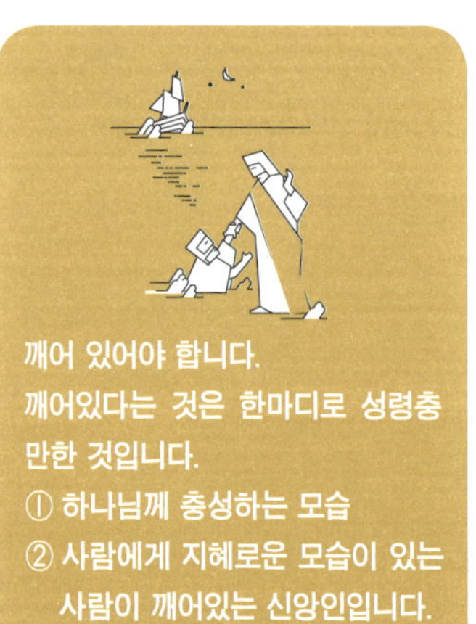

니다.

그런데 저주를 받아 마른 무화가 나무가 24장 32절에는 다시 회복된다고 나옵니다. 그리고 이 예수님의 말씀은 이스라엘의 멸망과 이스라엘의 회복을 예언한 것이기도 합니다.

이스라엘은 A.D.70년에 멸망했다가 1948년도 5월 14일에 회복됐는데 물론 여러 강대국들의 이권과 유태인 자본의 힘으로 그렇게 됐다고 볼 수도 있겠지만, 거의 2000여 년 동안 나라가 없었고 수많은 말살정책의 희생양이 됐다가도 다시 나타난 나라는 역사상 없었습니다.

결국 이것은 인간의 힘으로 되는 것이 아니고 하나님의 말씀이 이루어진 것이라고 봐야 합니다. 그런데 이런 때를 살면서 세상 사람들이 어떻게 살아가는지에 대한 말씀이 우리가 이미 본 마태복음 24장 38-39절에 나옵니다. 때를 구분 못하고 풍속을 따라 사는 사람들의 결국을 볼 수 있는데, 성도들은 지금 시대에 다음과 같은 자세로 신앙생활을 해야 합니다.

1. 깨어 있어라

최악의 해상사고인 타이타닉호가 가라앉았을 때 사실 20분이면 올 수 있는 거리에 큰 상선이 있었습니다. 그러나 사고가 일어난 시간이 새벽이라 관제실에 있는 선원은 잠을 이기지 못해 거의 쓰러져 자고 있었고, 그래서 급박한 구조 요청을 듣지 못했습니다. 결국 3시간 거리에 있던 다른 상선이 구조요청을 받고 바로 출동했으나 이미 사상자가 크게 늘어 수천 명의 승객 중 고작 50여 명밖에 구조할 수 없었습니다.

수십 년의 항해경력을 가졌던 선원은 아마 그동안 타이타닉 같은 급박한 사고의 구조요청을, 그것도 새벽에 일어날 것이라고는 예상 못했을 것입니다. 그동안 한 번도 일어난 적이 없기 때문입니다. 그러나 바로 그 일이 일어날 수 있기에, 이미 일어난 뒤에는 되돌릴 수 없기에 책임을 맡은 자리에서는 언제나 깨어 있어야 합니다.

천지를 창조하시고 나를 위해 죽었다 부활하신 주님은 꼭 다시 오십니다.

그런데 성경에는 오신다고 분명히 약속만 되어 있고 언제, 어떻게 오신다는 말씀이 없습니다. 그리고 예수님이 승천하신 뒤로 벌써 오랜 시간이 지났습니다. 그래서 다시 오신다는 약속이 안 이루어질 줄 알고, 적어도 내 때는 안 올 줄 알고 사람들은 자기 하고 싶은 대로 살아갑니다.

노아의 때에도 마찬가지였습니다.

노아만 유일하게 하나님 말씀을 믿고 밖에 나가 "하나님이 큰 홍수를 보내실 겁니다. 방주 안으로 들어오세요"라고 했는데 한 명도 안 들어갔습니다. 그리고 한 일이 뭐냐면 먹고, 마시고, 시집가고, 장가드는 일이었습니다. 온 신경을 여기에 쓰느라 홍수가 어쩌고, 하나님이 어쩌고 들을 때가 아니었습니다. 지금 시대로 치면 이런 말입니다.

"지금 중요한 사업 계약해야 돼서 바빠요."

"이번에 중요한 시험이 있어서 공부해야 돼요."

"무슨 산꼭대기에 배를 만들어놓고 미친 소리를 하고 있어?"

그러던 어느 날 하늘에서 비가 오기 시작합니다.

그제야 사람들이 "어, 이게 뭐야, 비가 오네?", "어, 진짜? 어? 노아 말 맞았네?" 이러지만 결국 때가 늦었습니다.

그런데 지금 시대도 비슷합니다.

노아 때처럼, 예수님이 오실 때처럼, 그리고 다시 오실 때처럼 말씀이 전하는 징조가 일어날 때 말씀으로 이런 때를 구분할 수 있는 사람은 똑같은 삶을 살지 않습니다. 그런 사람이 바로 깨어 있는 사람입니다.

"그러므로 깨어 있으라 어느 날에 너희 주가 임할는지 너희가 알지 못함이니라" - 마태복음 24:42

깨어 있는 사람은 두 가지 모습의 신앙생활이 반드시 있습니다. 하나는 충성됨, 다른 하나는 지혜로움입니다. 충성됨은 하나님을 향한 모습이고, 지혜로움은 사람을 향한 모습입니다.

그리하여 마태복음 25:1~13은 깨어 있음이 14~30은 충성됨이 31~46은 지혜로움이 어떤 것인가를 말씀합니다.

"충성되고 지혜 있는 종이 되어 주인에게 그 집 사람들을 맡아 때를 따라 양식을 나눠 줄 자가 누구냐" - 마태복음 24:45

그렇습니다. 말씀으로 깨어 있는 사람은 때를 분간할 줄 압니다. 때를 분간할 줄 알기에 깨어 있으며, 깨어 있기에 충성되게 하나님을 섬길 수 있고, 사람에게 지혜롭습니다.

2. 주님께 충성하라

제가 맨 처음에 예수님을 만나고 나니까 갑자기 교회를 위해 무슨 일이라도 하고 싶은 마음이 커졌습니다. 그래서 무턱대고 초등학교 1학년 애들을 맡았는데 7명 정도 있었습니다. 저는 저학년들이라서 선생님 말도 잘 들을 줄 알았는데, 애들이 제가 싫었는지 한 명도 빠짐없이 예배가 끝나면 전부 도망 갔습니다. 한 명을 잡으러 쫓아가면 그 사이 다른 한 명이 없어지고, 그 한 명을 다시 잡으러 가면 다른 애들이 없어지고… 그러다 보면 결국 아이들은 다 떠나고 저 혼자 남았는데, 그때 홀로 앉아 있는 기분은 진짜 겪어본 사람만 알 수 있습니다.

얼굴은 빨개지고, 창피해서 다른 선생님들 얼굴도 못 보겠고… '내가 이걸 왜 한다고 했지?' 이런 생각도 막 들면서 '지금이라도 못하겠다고 하고 다른 일 맡아볼까?' 이런 생각도 골백번씩 들었습니다.

그러나 너무 힘든데도 포기하기보다는 하나님께 충성해야겠다는 맘이 들었습니다. 그런데 지금처럼 뭐 어디 가서 노하우나 프로그램을 배울 수 있는 곳도 없어서 그냥 무조건 스티로폼 두꺼운 걸 사가지고 매일 밤 9시마다 교회당에 갔습니다. 그리고 스티로폼 위에 무릎을 꿇고 무작정 하나님께 매달렸습니다.

"하나님, 저 정말 잘하고 싶습니다. 맡겨주신 일에 무조건 최선을 다 할 테니 제발 도와주세요."

그렇게 기도하다 잠들고 다시 일어나서 새벽기도 갔다가 출근을 했습니다.

그렇게 두 달을 했는데 갑자기 정말 지금 생각해도 신기한 일이 일어났는데, 갑자기 애들이 180도 달라져서 이제 도망을 가지 않고 오히려 달라붙기 시작했습니다. 뭔가 특별한 계기가 있었던 것도 아닌데 너무나 신기했습니다. 그때 저는 포기하지 않는 것도 '은사'라는 것을 배웠습니다.

하나님이 맡기신 일을 조금 하다 "아, 힘들어 못하겠어요", 혹은 "하나님, 이건 저랑 안 맞아요, 다른 거 할게요" 이런 사람들은 하나님 앞에 '충성'하지 못하는 사람들이고, 또 주님이 주시는 복을 자기 발로 뻥뻥 걷어차고 있는 것입니다. 마태복음 25장을 보면 하나님을 향한 충성이 어떤 모습이어야 하는지 아주 구체적으로 나와 있습니다.

"또 어떤 사람이 타국에 갈 때 그 종들을 불러 자기 소유를 맡김과 같으니 각각 그 재능대로 한 사람에게는 금 다섯 달란트를, 한 사람에게는 두 달란트를, 한 사람에게는 한 달란트를 주고 떠났더니 다섯 달란트 받은 자는 바로 가서 그것으로 장사하여 또 다섯 달란트를 남기고" - 마태복음 25:14-16

25장 1절부터 13절 말씀에서 예수님은 열 처녀 비유를 통해 먼저 '깨어 있으라'고 가르치셨습니다. 그리고 그 뒤에 나오는 달란트 비유를 통해 '충성하라'고 말씀하셨습니다.

여기에 나오는 달란트는 약 33kg 정도의 금입니다. 금값이 변동이 좀 크긴 하지만 지금 대충 계산해보면 1달란트는 5억 원 정도는 됩니다. 그러면 이 비유에 나오는 종들은 5억, 10억, 25억을 받은 사람들입니다. 다들 아시겠지만 결국 이 달란트를 가지고 장사를 한 사람은 주인에게 칭찬을 받았습니다. 그럼 결국 이 비유를 통해 알 수 있는 것은 뭐냐면 '하나님을 향한 충성'은 곧 '장사를 하는 자세'와 같다는 것입니다.

다시 생각해봅시다. 장사를 하는 사람이 자기 하고 싶으면 가게 문 열고, 자기 하기 싫으면 가게 문 닫고 그럴 수 있습니까? 손님이 좀 거만하고 막 대한다고 자기 맘대로 쫓아낼 수 있습니까? 대부분 꾹꾹 참고 음식 내오고, 가게를 나설 때도 고개 숙여 인사합니다. 이게 바로 충성의 자세입니다. 그런데 많은 사람들이 **돈 때문에는 이렇게 충성해도 하나님 때문에는 못합니다.**

저희 교회에도 장사하시는 분들 많습니다.

그런데 이야기를 들어보면 정말 가관입니다. 힘들게 삶아놓은 수저통을 장난치다 바닥에 엎어 놓는 애들도 있고, 또 그러면 싫은 티도 못 내고 그거 다시 다 씻어 담아서 다시 삶아다 놓습니다. 밥 어디서 먹고 왔다고 메뉴도 안 시킨 사람이 후식용 아이스크림은 또 얼마나 퍼먹는지 모릅니다. 음식에서 뭐 나왔다고 시비 거는 사람도 있고, 하여튼 해보신 분들을 알겠지만 정말 별의별 사람이 다 있습니다.

회사에서도 가장 스트레스 받는 사람이 영업 뛰는 사람 아니겠습니까?

그런데 그렇게 고생하는 분들이 어느 날 갑자기 "나 치사하고 드러워서 안 해!" 하고 집어치우지 않습니다. 이 비유에 나오는 충성이 바로 이런 모습입니다.

그런데 우리 모습은 어떻습니까?

대부분 신앙생활 편하게만 하려고 하지 않습니까? 그러니까 새벽기도도 이래서 하면 안 되고, 십일조도 안내도 되고, 주일 예배도 무슨 일 있으면 빠져도 되고… 점점 이렇게 말하는 사람들도이 많아집니다. 예배시간 5분, 10분 늦게 왔다고 누가 뭐라고 안 합니다. 말씀 들을 때만 오면 된다고 생각하는 사람들도 많습니다.

또 중간에 일 있다고 나가도 뭐라고 하는 사람 아무도 없습니다. 나가서도 욕먹을 일만 합니다. 술 따라주면 술 마시고, 기분

나쁘면 욕하고, 전도는 해본 적도 없고… 이게 크리스천 맞습니까? 사명을 감당하려면 욕도 먹어야 되고 속도 부글부글 끓어야 되고, '정말 더러워서 못해먹겠네' 소리가 목구멍까지 나와야 됩니다. 그래서 충성은 곧 장사와 같습니다.

우리, 어린아이 같은 신앙생활을 하지 맙시다. 어린아이는 자기가 하기 싫으면 안 하고 조금 불편하면 안 합니다. 그런데 **사명에 충성하는 사람은 울면서도 포기하지 않습니다.**

직분은 장사입니다. 예수님은 한 달란트 받은 사람도, 두 달란트 받은 사람도, 다섯 달란트 받은 사람도 장사를 하라고 하셨습니다. 크리스천이라면 그 누구나 예외가 없습니다. 신앙생활은 맷집이 좋아야 됩니다. 교회에서 봉사를 하다가 갑자기 수틀린다고 바로 포기하는 건 그냥 의지의 부족입니다.

중국 춘절에 대한 다큐멘터리를 본 적이 있는데 거기 사람들은 명절 때 고향이나 도시에 사는 자녀들 만나려고 기차만 1주일씩 기다립니다. 기차도 막 2~3일씩 가는데 입석으로 서서 갑니다. 쉬는 날이 2~3주씩 되고 이때 이동하는 사람이 4천만 명씩 되니까 하루 종일 기차가 다니고 버스가 다녀도 다 실을 수가 없습니다. 그런데도 이 사람들은 힘들다고 중간에 포기하거나 다시 돌아가지 않습니다. 3일이 되도, 4일이 되도, 기차가 올 때까지 기다렸다 타고, 서서 가도 2~3일을 버팁니다.

저도 중국에서 36시간 동안 기차를 타본 적이 있는데, 침대칸이었는데도 허리가 배겨서 잠도 못자고 엄청 고생을 했습니다.

그런데 그들은 더 먼 거리를 군소리 없이 서서 갑니다.

왜일까요? 분명한 목적이 있기 때문입니다. ‘우리 자녀가 거기에 있으니까’, ‘우리 부모님이 거기에 계시니까’ 때문입니다. 그럼 우리는 누구를 위해서일까요? 바로 예수님 때문입니다.

그리고 교회는 그리스도의 몸이기 때문입니다.

사도 바울은 하나님을 섬긴다는 마음으로 열심히 교회를 핍박했습니다.

그런데 하나님이 다메섹 도상에서 바울에게 “왜 나를 핍박하느냐”고 말씀하셨습니다. 교회를 핍박한 바울에게 이런 말씀을 하신 것은, 즉 교회가 하나님이 계신 곳이라는 뜻입니다. 다시 말하면 **교회에서 충성하는 것이 곧 하나님께 충성하는 것입니다.** 그래서 목사인 저부터 모든 성도들이 함께 주님의 몸된 교회에서 충성해야 합니다.

저도 목회를 하면서 어려운 일들이 많습니다. 그런데 진짜 도저히 손 쓸 수 없는 어려움이 찾아와도 저는 어렵다고 0.1%도 생각을 안 하고 그냥 스티로폼 들고 예배당에 갔던 때처럼 하나님 앞에 엎드립니다. **하나님 앞에 감당 못할 문제는 하나도 없기 때문입니다.** 그러면 모든 문제가 해결됩니다.

우리 함께 하나님이 계신 교회에서 충성합시다. 할렐루야!

교회에서 존귀한 사람이 되고 귀한 사람이 되는 것이 하나님을 향한 충성이고 내 인생의 성공입니다.

3. 사람에게 지혜로워라

지식과 지혜의 차이에 대해서 한 대학 교수님은 이렇게 말했습니다.

"지식은 책이나 경험을 통해 '아는 것'이지만 지혜는 그렇게 얻은 지식을 '적용시키는 능력'을 말합니다."

쉽게 말하면 이렇습니다. 원하는 대학을 가기 위해선 지금 공부를 해야 합니다. 이것은 수험생이라면 모두 아는 '지식'입니다. 그런데 대부분의 학생들은 핸드폰을 만지고, 공부에 집중을 못하다 집에 가서 잠을 잡니다. 이런 상황에서 꾹 참고 공부를 하는 것이 바로 지혜입니다.

하나님을 아는 것도 마찬가지입니다. 선한 일이 무엇이고 하나님께 기쁨이 되는 일이 무엇인지는 우리 모두 알고 있습니다. 그러나 그대로 행하는 사람은 많지 않습니다. 그래서 예수님은 "지혜 있는 자가 누구냐"고 우리에게 묻고 계십니다. 많이 아는 것보다도 이미 알고 있는 당연한 지식들을 필요에 맞게 지키며 실천하는 것이 바로 지혜 있는 사람입니다.

마태복음 25장에는 1절 부터 13절까지 깨어 있는 것의 비유, 14절부터 30절까지는 충성됨의 비유, 31절부터 마지막 46절까지는 지혜로움의 비유가 나와 있습니다.

즉 깨어 있는 사람이란 "하나님께 충성하고 사람에게 지혜로운 모습을 갖고 있는 사람이다"라고 마태복음 25장은 말씀하고 있습니다.

지금은 지식은 넘치지만 지혜는 빈곤한 시대입니다. 이미 말씀 드렸듯이 요즘 사람들은 공부도 많이 하고, 자기가 사는 일에는 아주 바삭합니다. 그런데 이자율 0.1%도 이득 보려고 공부하고, 세금 1,2%에도 목숨 거는 사람들이 교회가 어떻게 돌아가고 있는지, 내 직분에서 해야 할 일이 무엇인지에는 털끝만큼도 관심이 없습니다.

이런 상태에서 충성을 말할 수 있겠습니까? 그렇게 성도로서 할 일을 못하니 당연히 하나님이 주시는 지혜를 알 수도 없고 배울 수도 없습니다. 자기 먹고 사는 일은 잘 아니까 사는 데 아무 문제없고, 교회도 왔다 갔다 하니까 천국도 갈 것 같습니다. 한국 교회가 어쩌고저쩌고 말만 많고 세상일에만 관심 가지고 자기가 할 일은 조금도 안 하는 사람들은 '주님'의 복을 거부하고 있는 사람들입니다. 인간인 내가 하나님이 주시는 복을 걷어차는데, 아무리 머리가 좋고 돈을 많이 벌어도 지혜로운 사람이 될 수 있겠습니까? 그저 하나님 앞에서 잘난 척하는 것밖에 되지 않습니다.

진짜 잘난 사람은 예수님을 너무 잘난 체하며 믿지 않습니다. 손해 안 보려고 하지 않습니다. 다만 오늘 내가 감당해야 될 게 뭔지 하나님이 주신 상황은 뭔지 말씀에 비추어 민감하게 반응하고 행동합니다. 지금 내 옆에 돌봐줘야 될 사람, 위로가 필요한 사람, 복음을 전해야 할 사람이 있는지 한번쯤 보십시오. 우리가 최소한으로라도 감당해야 할 일을 좀 찾아보십시오. 예수 잘 믿는다는 게 뭘까요? 성경 지식 많이 아는 거? 교회에서 열심히 봉사하는 거? 똑똑한 척 다른 사람 지적하는 거? 아닙니다. 그저 내 자리에서, 내게 맡겨진 사명 잘 감당하는 것이 예수님 잘 믿고 충성하는 지혜로운 사람입니다.

다시 말하면 성도란 예수님을 믿는 사람입니다. 예수님이 만물을 창조하셨다는 것, 날 위해 죽으시고 부활하셨다는 것, 마지막 날에 다시 오신다는 것, 이 사실을 믿을 때 말씀을 통해 깨어 있을 수 있습니다. 그리고 깨어 있기에 사명을 감당하며 속이 타도, 손해를 봐도, 예수님을 위해 감당해낼 수 있습니다. 먹고, 마시며, 장가가는 일에 온 신경이 팔려 있는 것이 아니라 정말 중요한 것이 뭔지 알고 이렇게 충성하고 내 주변에 어려운 이웃을 내 믿음만큼, 능력만큼 보살필 줄 아는 지혜를 가진 사람이 하나님이 기뻐하시는 바른 신앙생활입니다.

온 세상 사람들이 다들 자기 안위에만 걱정하고 있는 이 시대에서 하나님이 마음 놓고 믿고 맡길 수 있는, 언제나 주변의 필요를 돌아보며 챙길 줄 아는 지혜롭고 충성스러운 성도가 되기를 바랍니다.

7

기도, 그 아름다운 교제

예전 의사이신 집사님을 심방할 기회가 있었습니다. 아버지가 장로님, 어머님이 권사님이신 믿음의 가정이었습니다. 병원에 갔더니 다른 교회 장로님이신 그분들이 계셨습니다. 심방 후 이런저런 말을 하다가 그 어머님 되시는 권사님이 "에고 우리 아들도 이런 병원 하나 해야 할 텐데" 말씀하셨습니다. 그러자 그 옆에 있던 장로님이 "아! 돈만 있으면 하지?" 하시며 역정을 내셨습니다. 돈만 있으면 되지, 하시는 말씀에 마음이 많이 불편했던 적이 있습니다. 이 시대의 화두가 '돈!' 맞습니다. 많은 사람들이 돈, 돈 하는 세상에서 '기도'의 위치는 어디쯤일까요? 우리 주님이 말씀하신 세상의 모습과 기도생활은 어떤 관계가 있을까요?

20대 중반에 예수님을 만나고 청년부 부장 선생님과 소위 '산기도'를 몇 년간 했습니다. 매주 토요일이면 산에 올라가 새벽 1~2시까지 기도를 하다 내려오곤 했는데, 12월의 어느 추운 날 여느 때처럼 부장 선생님과 올라가 기도를 하려는데 갑자기 두려움이 엄습했습니다.

그날따라 하늘에 별도 달도 보이지 않았고, 바로 눈앞도 분간이 안 갈 정도로 어두운 밤이었습니다. 같이 온 선생님은 저 밑에서 먼저 기도를 시작하셨는데 매번 듣던 기도소리도 갑자기 무섭게 들렸습니다. 이런 생각은 점점 심해져 기도도 안 나오고 오히려 주변에 누가 있는 것 같다는 느낌까지 들었습니다. 두려움에 사시나무처럼 몸을 떨며 '그냥 지금이라도 내려갈까?', '내가 이걸 왜 한다 그랬지?' 이런 생각에 잠겨 있는데 갑자기 하늘에서 음성이 들렸습니다.

"강하고 담대하라! 두려워 말고 놀라지 말라!"
제가 주님을 만난 후 처음 들어본 하나님의 음성이었습니다. 교회에 다니면서도 하나님이 우리에게 직접 말씀하신다는 얘기를 들어본 적도 없었습니다. 그러나 크지도 작지도 않은, 여자인지 남자인지도 모를 소리였지만 저는 듣는 즉시 하나님의 음성이라는 걸 알았습니다. 그리고 갑자기 엄청난 용기가 샘솟기 시작했습니다. 눈앞에 호랑이가 튀어나와도 아무렇지 않게 기도할 수 있을 정도로 세상의 그 어떤 두려움도 극복할 수 있는 용기였습니다. 그렇게 기도를 통해 저는 하나님이 주신 용기를 얻었고, 이 기도라는 것이 성도들에게 얼마나 중요한지, 기도를 왜 하나님과의 교제라고 말하는지 깨달을 수 있는 귀중한 체험이었습니다.

세상 사람들에게 가장 중요한 것이 무엇이냐고 물으면 십중팔구는 돈이라고 대답합니다.
그렇다면 신앙생활에서 가장 중요한 것은 뭘까요?
저는 바로 기도라고 생각합니다.
실제로 성경에도 수많은 기도에 대한 말씀들이 나옵니다. 예수님은 기도의 방법을 직접 가르쳐주셨고, 새벽에 나가 기도하셨고, 능력은 오직 기도에서 나온다고 강조하셨습니다. 바울은 기도를 쉬지 말라고까지 이야기했습니다. 그만큼 기도는 신앙생활에서 빼놓을 수 없는 중심축입니다.

그런데 이 기도가 얼마나 중요하고, 어떤 역할을 하는지는 성도들이 잘 모르고 있는 것 같습니다. 그저 응답을 받으려고, 혹은 막연히 하나님과의 대화 방법으로만 기도를 알고 있지 실제 하나님께 기도하는 것이 가지는 의미와, 이 기도가 성도들과, 또 하나님과의 아름다운 교제로 이어진다는 사실은 대부분 모릅니다.

단순히 정한수 떠다 놓고 이루어달라고 비는 대상이 천지신명에서 하나님으로 바뀐 것이 아니라 하나님을 향한, 또한 믿는 사람들 간에 서로 위로하고, 중재하고, 간구하고, 호소하는 교제의 역할까지 합니다. 그래서 예수님은 이 기도를 쉬지도 말고, 또 포기하지도 말라고 사람들에게 말씀하셨습니다.

이 1절을 NIV 영어성경으로 찾아보면 다음과 같이 나와 있습니다.

"Then Jesus told his disciples a parable to show them that they should always pray and not give up."

첫 문장에 "Then Jesus told"라는 뜻은 바로 "그 다음에 예수님이 말씀하셨다"입니다. 한마디로 굉장히 중요한 말씀을 하신 다음에 "그래서 기도를 쉬면 안 되고, 포기하면 안 되는데 그걸 비유로 가르쳐 줄게"라고 하신 것입니다.

"예수께서 그들에게 항상 기도하고 낙심하지 말아야 할 것을 비유로 말씀하여" - 누가복음 18:1

예수님은 제자들에게 비유로 중요한 사실을 가르치길 원하셨습니다. 그리고 그 중요한 사실이 바로 "기도를 쉬지 말고 해야 된다", "절대로 기도를 포기하면 안 된다"였습니다. 그리고 2절부터 8절까지 비유가 나옵니다.

그래서 예수님이 직접 가르치시는 기도의 비밀을 알기 위해서는 누가복음 18장뿐 아니라 17장의 마지막 부분까지 연결해서 묵상해야 합니다. 그러면 과연 어떤 이유로 예수님께서 기도를 해야 한다고 말씀하셨는지 17장 마지막 부분을 보겠습니다.

"노아의 때에 된 것과 같이 인자의 때에도 그러하리라 노아가 방주에 들어가던 날까지 사람들이 먹고 마시고 장가들고 시집가더니 홍수가 나서 그들을 다 멸망시켰으며 또 롯의 때와 같으리니 사람들이 먹고 마시고 사고 팔고 심고 집을 짓더니 롯이 소돔에서 나가던 날에 하늘로부터 불과 유황이 비 오듯 하여 그들을 멸망시켰느니라 인자가 나타나는 날에도 이러하리라" - 누가복음 17:26-30

이렇게 17장을 말씀하시고 "Then", '그리고 그 다음'은 말씀하셨습니다. 왜 그럴까요?

결국 말세의 사람들은 노아시대 사람들처럼 먹고 마시고 시집가고 장가가는 삶이 가장 중요한 문제가 될 것이기에, 그런 시대의 사람들에게 '기도'란 어떤 것인가를 가르쳐주고자 17장을 말씀하시고, 그 다음에 18장 기도에 대해 말씀하고 계신 것입니다.

세상이 말하는 기도

'기도'라는 단어는 교회를 다니는 사람뿐 아니라 종교가 있는 모든 사람들, 심지어 종교가 없는 사람들까지도 사용하는 단어입니다. 그러나 기도를 나타내는 'Pray'라는 영어단어는 '구걸하다'는 뜻의 라틴어 'Precari'에서 나왔습니다. 세상 사람들이 말하는 기도란 결국 자신이 믿는 신에게, 혹은 어떤 절대자에게 어떤 일을 이루어달라고 구걸하는 것이라고 볼 수 있습니다. 그러나 위에 잠깐 살펴보았듯이, 성경에 나오는 기도는 어원만 따져도 '중보, 무릎을 꿇다, 묻고 구한다, 평화를 구한다, 향한다, 서원한다, 요청하다'라는 뜻이 있는 단어들로 분명한 기도의 대상과 기도로 할 수 있는 교제의 방법들이 명시되어 있습니다. 그렇기에 먼저 세상 사람들이 기도처럼 생각하는 것들이 무엇이고, 예수님이 말씀하신 기도와 어떤 차이점이 있는지 살펴보도록 하겠습니다.

1. 복을 비는 것

《제3의 물결》로 유명한 미래학자 엘빈 토플러가 몇 년 전에 한국에 온 적이 있습니다. 그때 한국의 교육열에 대해서 한 기자가 물어봤는데 이런 의미심장한 말을 했습니다.

"한국의 교육열은 아주 인상적이지만 미래에는 70%는 없어질 직업을 위해 왜 아이들을 준비시키는지는 잘 모르겠습니다.”

결국 이 말이 무슨 말이냐면, “열심히 하는 건 좋은데, 왜 쓸데없는 데 힘 빼고 있어?”라는 말입니다. 일부 기독교인들도 기도라 하면 자기가 갖고 싶은 거, 하고 싶은 거, 아픈 거, 낫는 거 같이 기적적인 것만을 바랍니다. 그런데 기도에는 이런 요소가 있기도 하지만 이게 전부는 아닙니다. 만약 이런 목적만 가지고 기도를 열심히 한다면 하나님이 이렇게 말씀하실 것 같습니다.

“기도 열심히 하는 건 참 좋은데, 그게 전부가 아니지 않아?”

누가복음 17장에 나오는 노아 시대, 롯의 시대 사람들도 참 바쁘게 살았습니다. 먹고 마시려면 음식을 해야 하고, 술을 담가야 합니다. 장가들고 시집가는 것은 또 많은 준비가 필요합니다. 집을 사고 팔려면 지어야 하는데 이게 또 보통 일이 아닙니다. 당연히 저마다의 필요에 따른 신을 만들고 또 기도했을 것입니다. 그 시대의 사람들은 정말 열심히는 살았는데 결국 그냥 자기만족에 그친 삶이 전부였다는 뜻입니다.

지금 시대는 어떻습니까?

돈이 최고 아닙니까? 최고도 아니고 그냥 돈이 전부인 시대 아닙니까? 부모님들이 자녀들 교육에 열을 내는 이유도 뭘까요? 훌륭한 사람 되려면 대학 가야 되니까? ‘사’자 붙은 직업 얻어서 돈 많이 벌고 떵떵거리면서 살라고 하는 것 아닐까요?

저는 가끔 우리 성도들에게 우리나라가 공부에 미친 나라라고 말을 하기도 합니다. 유치원 때부터 대학 걱정해서 영어유치원 수천만 원씩 들여서 보내고, 자기는 1년도 하기 힘든 공부를 초등학교 때부터 12년 동안 지겹게 시킵니다.

독일 같은 경우는 초등학교 때 한 선생님이 4년간 아이들을 가르치면서 적성을 파악합니다. 그리고 아이들의 의견을 물어 중학교부터 공부할 아이들은 '김나지움'으로 보내고, 공무원이나 중급 기술자들이 되고 싶은 학생들은 '레알슐레', 산업체의 근로자로 일할 학생들은 '하우프트슐레'로 보냅니다. 그리고 진로가 너무 빨리 결정되는 것이 싫어서 통합 교육을 받겠다는 학생들은 '게잠트슐레'라고 종합학교를 들어갑니다.

제가 지금 왜 갑자기 독일의 교육제도를 말하는가 하면 만약 우리 자녀가 전교 1등이다(물론 아닐 가능성이 높지만) 친다면, 이 아이가 갑자기 기술에 관심이 있다고 공고나 전문대를 들어가라고 하면 어떤 부모가 그 길을 인정해주고 응원해 주겠습니까? 대학을 간다 한들 비인기학과에 가고 싶다고 하면 보내주겠습니까? 아마 "돈도 안 되는 놈의 걸 뭐하러 할라고 해" 이 소리부터 튀어나오지 않을까요?

반면에 독일은 각 기술의 전문가들은 대학을 나온 여부와 상관없이 '마이스터', 즉 '장인'으로 인정을 해주고 대우도 좋습니다. 그런데 우리나라는 어쩌다 보니 사무직이 현장직을 무시하고, 학벌주의로 사회구조가 잘못 커버려서 이런 걸 너무 적나라하게 아는 부모님들이 자녀들을 같은 꼴을 안당하게 하려고 공부를 시키고, 돈을 목적으로만 인생을 설계하게 만듭니다.

그런데 이런 시류에 내가, 그리고 우리 자녀가 휩쓸려 가면 안 됩니다. 그러면 진짜 중요한 것을 잊고 노아의 시대처럼, 롯의 시대처럼 열심히 살고 잘 살기도 하는데 결국 멸망하는 길을 걷게 됩니다.

지금 우리 아이들한테 선생님이 "너 대학 가지 말고 직장 가져라" 하면 어떻게 할까요? 아마 "당신이 뭔데 우리 애한테 대학 가지 말라고 해" 하며 그 아이도 난리, 부모도 난리일 겁니다. 그런데 솔직히 말하면 공부라는 게 집중력도 있고 이해력도 있고 체력도 있고 공부머리도 있어야 됩니다.

중고등부 아이들이요 한 반에 한 30명씩 되는데 얘네들 30명씩 중에서 "아 공부하러 가야지" 해서 가는 아이들이 몇프로나 될까요? 독일 같은 데는 법대 한 200명 정도 들어가면 졸업이 한 120명? 110명? 정도랍니다. 1학년 때 2학년 때 한 30명씩 짤려버려요. 그러니까 공부 안 할 수가 없어요.

제가 프랑스 갔을 때 아는 목사님 딸이 대학생인데 가족끼리 밥을 먹기로 했대요. 근데 그 아이가 책을 갖고 나왔대요.

"아빠 죄송해요 제가 리포트를 써야 해서…"

얘네들이요, 우리나라 대학생이 오면 여대생들을 다 직업인으로 안대요. 얘네들은 화장할 시간도 없는 거에요.

"왜 그렇게 대학 가야 되죠?" 라고 물을 때 "하나님의 사람으로 잘 준비되어야 하죠" 라고 말하면 훌륭한 겁니다. 그런데 어떤 사람은 "아이고 목사님 모르시는 소리 하지 마세요. 대학 나와야 좀 더 좋은 조건으로 시집가구요. 좀 더 좋은 조건으로 장가가요. 그래도 먹고 살아야 하는데 직장 가져야죠" 라고 답합니다.

2. 반복된 주문

기도에 대해서 잘못 이해하면 간혹 일종의 '주문'처럼 생각을 할 수 있습니다. 불교의 만트라나 힌두교의 옴은 특정 문구를 반복하면 신비한 힘이 깃든다고 가르칩니다. 교인들 중에도 주기도문이나 사도신경을 이런 주문처럼 생각하는 분들이 종종 있는데 절대로 그런 착오를 범해선 안 됩니다.

그러나 안타깝게도 예수님이 말씀하신 의미를 모를 때, 성도가 드리는 기도라 하더라도 아무런 능력도 없고, 그냥 예배 시작 전에, 끝나고 나서 주문처럼 반복하는 하나의 의식에 머무르게 됩니다. 그러므로 우리는 신앙생활에서 절대로 포기할 수 없고, 또 포기해서도 안 되는 이 기도에 대해서 바르게 알아야 합니다.

성경이 말하는 기도

예수님은 기도에 대한 2가지 철칙을 주셨습니다.

기도는 참된 성도가 드리는 믿음의 표현이며 깨어 있다는 증표이며, 하나님과의 교제의 방법입니다.

첫째, 항상 기도해야 한다.

둘째, 절대로 포기하면 안 된다.

그리고 그 이유를 비유를 들어 설명해 주셨는데, 누가복음 17장과 18장을 통해 기도의 3가지 중요성을 알아보겠습니다.

1. 믿음

제가 처음 개척을 했을 때 39평 되는 공간에 살 방까지 만들고 시작했습니다. 그러다 누님이 저희 집 근처 동네로 이사를 오면서 방을 하나 내주셨고, 저희는 교회를 좀 더 넓히기 위해서 그 집에서 생활을 하며 교회로 오며가며 목회를 했습니다. 그런데 그때만 해도 부천이 교통도 좀 그렇고 노선도 꼬이고 해서 교회에서 집에 왔다 갔다 하는 일이 보통일이 아니었습니다. 부평역에서 지하철 타고 부천역 가서 중동까지 마을버스를 타고 가야 했는데, 저는 문제없었지만 당시 두 살인 딸아이에 임신까지 한 제 아내는 말로는 괜찮다고 해도 제가 보기에는 여간 고생이 아니었습니다.

당시 삼산동부터 중동까지 논길이 있었는데, 차만 있으면 10

분이면 충분히 오갈 수 있었습니다. 그래서 제가 그 길을 볼 때마다 하나님께 기도했습니다.

"하나님, 입장을 바꿔 생각해 보세요, 이게 진짜 보통일이 아닙니다. 저는 괜찮지만 우리 집사람은 애기를 데리고 또 하나는 배 안에 넣고, 걸어다니면서 마을버스 타고 전철 타고 또 마을버스 타고, 아이고 이게 뭔 고생인지 몰라요. 하나님, 무조건 차 주세요, 차 좀 주세요."

그렇게 기도를 계속했습니다. 뭐 나올 구석도 없고, 방법도 딱히 없었지만 그래도 무작정 믿음으로 기도했습니다.

그런데 그때 어떤 집사님이 차를 주겠다고 연락이 왔습니다. 알고 보니 서울에서 미장원을 개업했는데, 당시 미장원들은 고객이 연락을 하면 차를 가지고 가서 미장원으로 모셔와 머리도 해주고, 마사지도 해주고 다시 집으로 보내주는 서비스가 유행이었다고 합니다. 그래서 큰맘 먹고 차를 장만했는데 딱 당일 1명만 전화로 연락이 오고 그날 이후로 도통 연락이 안 왔답니다. 그러면서 어쩌다 주변에서 "이찬용 목사님이 개척하셨다더라"고 듣게 됐는데, 그날 이후로 기도만 하면 "그 차 헌물해라"라는 하나님의 감동이 있어서 결국 못 이기고 저한테 연락이 온 것입니다. 그래서 결국 아내 때문에 하나님께 졸랐던 기도가 응답돼서 개척교회에 9인승 봉고라는 엄청난 응답이 도착했고, 정말 한동안 아내를 위해서도, 교회를 위해서도 차를 잘 썼습니다.

18장 1절에서 예수님은 "너희들 지금 그러고 살 때가 아니야,

빨리 기도해야 돼, 그리고 기도하다가 절대로 낙심하거나 포기하면 안 돼" 이러시면서 쉽게 설명해 주시기 위해 불의한 재판관의 비유를 들어 말씀하셨습니다. 불의한 재판관은 하나님이고, 사람이고 아무것도 안중에 없는 안하무인인 사람입니다. 그러면서도 사회적으로 성공해 누구도 함부로 대할 수 없는 소위 말해 '갑'의 위치에 있는 사람입니다. 반면에 이 재판관에게 청원하는 과부는 사회적 약자의 대표격이나 마찬가지입니다.

이러니 재판관이 과부가 와서 아무리 억울한 일이 있다고 하소연을 해도 들어줄 리가 없습니다. 아마 나중에는 문전박대하고 재판장 안에도 못 들어오게 했을 것입니다. 그런데 그 안에서도 들릴 정도로 매일같이 찾아와서 하루 종일 울고불고 난리치니까 결국 "아이고, 이거 귀찮아서 안 되겠네. 저거 뭔지는 몰라도 빨리 해결 안 해주면 내가 백날 이 소리에 시달리게 생겼어. 들어보고 일단 내가 해결을 해줘야겠다" 하면서 과부의 억울함을 풀어주는 공의를 행하게 됩니다.

이 과부가 재판관을 지치지 않고 몇 날이고 찾아올 수 있었던 이유는 바로 '믿음'이 있었기 때문입니다. 내가 이렇게 재판관을 찾아가서 억울함을 호소하면 언젠가 결국은 들어줄 것이라는 그 '믿음'이 바로 과부에게 있었습니다.

"그런 '믿음'이 있는 사람에게는 불의한 재판장일지라도 소원을 들어주는데, 훨씬 좋으신 하나님 아버지가 너희의 기도를 들어주지 않으시겠니?"

바로 이 질문을 예수님은 지금 우리들에게 던지신 것입니다. 결국 하나님이 내 기도를 들어주실 것이라는 믿음이 있는 사람만이 기도를 할 수 있고, 응답을 받을 수 있습니다. 다시 말하면 하나님께 기도한다는 것은 내가 하나님을 믿는다는 증표이기도 합니다. 당신은 하나님을 믿고 계십니까? 그렇다면 그 믿음이 기도를 통해 나타나고 있습니까?

2. 깨어 있는 신호

최근에 잠깐 TV를 보다가 참 재밌는 프로그램을 봤습니다.

인기가 별로 없을 때부터 돈을 착실히 모아서 대한민국에서 제일 좋은 집 중 한 곳에서 사는 연예인이 나와서, 사람들이 한 달 동안 쓴 영수증을 보내주면 분석하면서 '스튜핏'(STUPID), '그뤠잇'(GREAT) 이라고 소비 진단을 해주는 건데, '돈은 안 쓰는 것이다', '옷은 22년이 기본이다' 이런 유행어도 막 만들어내면서 방송을 했습니다. 처음엔 뭐 이런 프로그램이 있나 싶다가 저도 모르게 빠져서 참 재밌게 본 기억이 있습니다.

그런데 물론 그냥 예능일 뿐이지만 이 프로그램을 보면서 저는 누가복음 17장에 나오는 노아 시대와 롯의 시대의 사람들이 생각났습니다. 결국 돈을 아끼고, 모으고, 더 좋은 집을 사려고 노력하는, 그런 프로그램들이 흥행한다는 것은 사람들의 관심사가 어디에 있는지를 알려주는 하나의 지표이기 때문입니다.

예를 들면 이렇습니다.

최근에 쿠테타가 났다가 실패한 터키에 마음 놓고 놀러갈 수 있는 분이 있겠습니까? 마찬가지로 지금 외국인들은 북한의 핵미사일 위협 때문에 한국 관광을 기피해서 적자가 나고 있다고 합니다. 한마디로 밖에서 볼 때는 진짜 위기인 것 같은 상황인데, 그 안에 사는 우리들은 이런 삶이 익숙하다 보니까 예능 보면서 웃고, 집 문제, 돈 문제, 이런 것에 혈안이 되어서 때때로 현실을 제대로 파악하지 못합니다. 그런데 비단 우리나라와 터키뿐 아니라 세계가 다 마찬가지입니다. 이 세상이 나 돈에 미쳐서 먹고 마시고 시집가고 장가가고 집 사고 이런 일에 빠져 있습니다.

국제 정세가 불안해지면 사람들은 그 문제를 해결하기보다 "역시 불안할 땐 금이지" 그러면서 금으로 재테크를 합니다. 그러면 금값이 오르고, 또 불안 요인이 있는 나라의 주식이 저평가됐다면서 요즘 똑똑한 젊은 사람들은 직접 해외 주식도 사고 팝니다. 그러면 또 부동산이 빠질 수 없습니다. 그래서 누구는 이제 부동산 거품이다, 아니다 하다가, '홍콩을 봐라 아직도 멀었다' 하며 대출을 받니, 종부세가 어떠니 이러면서 인생의 대부분을 그렇게 보내고 삽니다.

교회 다니는 사람들이 성경은 잘 모르고, 기도는 좀 띄엄띄엄해도, 어디 집 보러 다니는 건 잘 알고, 부동산 시세는 빠삭합니다. 그런 거 누가 설명회 한다 그러면 열일 제쳐두고 거기부터 달려가고… 마치 노아의 때, 모세의 때, 롯의 때와 같은 시대가 지금의 모습입니다. 그래서 이런 시대에, 돈에 정신이 팔려 있는 것이 아니라 하나님께 기도하는 삶을 살아가는 사람은 믿음이 있는 사람임과 동시에 시대를 알고, **해야 할 일을 아는 '깨어 있는 사람'**입니다.

3. 하나님과의 교제

개척을 하고 한 반년 정도 지나니까 그래도 성도가 제법 모여서 70명 정도 됐습니다. 그런데 처음부터 평수가 너무 적다 보니 70명만 되도 앉을 자리가 없을 정도였습니다. 그러다 우리 교회 다니는 분 중에 바로 옆에 붙어 있는 서예학원 원장이 있었는데, 그분이랑 잘 말을 해서 복도 쪽을 막아서 벽을 트기로 얘기가 됐습니다. 그러면 의자 1~2줄 더 놔서 그래도 여유가 생길 것 같았습니다.

그래서 계산을 해보니 한 돈 천만 원이 들 것 같은데 어떤 분이 자기가 500만 원을 헌금하겠다고 해서 당시 재정부장한테 가서 공사를 해서 돈이 이렇게 필요한데, 누가 반을 낸다 그랬으니까 우리가 어떻게 해서 500을 더 마련해 공사를 하자고 했는데, 그걸 자기한테 다 내라고 알아들었던 것 같습니다.

몇 주 있다 알았는데 그분이 성도들만 만나면 "목사님이 자기한테 돈 내라" 그랬다고, "십자가를 지운다"고 그런다는 사실을 알게 됐습니다. 그런데 이야기를 듣는 성도들 중에 "뭐 그것 가지고 그래?", "오해 있는 거 아니야?", "그게 무슨 십자가냐?" 이렇게 말해주는 성도가 한 명도 없다는 사실이 너무 슬펐습니다. 그래서 제가 뭐 아무 말도 못하고 그냥 꾹꾹 참고 있었습니다. 그냥 기도만 할 수밖에 없었습니다.

그런데 기도가 효과가 없었는지 갑자기 어느 날 밤에 그 재정부장한테 전화가 왔습니다. "목사님" 이라고 딱 세 글자만 들었는데 벌써 술이 떡이 됐다는 걸 느꼈습니다. 그러면서 자기 차 있는 쪽으로 저를 부르는데 이게 참 나갈 수도 없고, 그렇다고 그냥 둘 수도 없고… 그래도 결국 나갔는데, 제가 차에 타니까 다짜고짜 삿대질을 하며 이런 말을 했습니다.

"이 목사, 너 몇 살이야?"

갑자기 이 말을 듣는 순간 속에서 천불이 나는데… 꾹 참고 "집사님, 집사님이 술 안 취해서 오셔도 제가 말 다 들어드립니다. 왜 술을 먹고 와서 주정을 하세요?" 라고 말했습니다.

그러니까 자기도 뭐 원래 신학을 하려고 했니, 어쩌니 횡설수설하다가 그날 끝이 났습니다. 그런데 다음 주일에 보니까 갑자기 아무말 없이 일을 또 열심히 했습니다. 몇 개월 후 알고 보니 그러고 나서 다음날 조기 축구를 나갔는데 축구를 하는 도중 공이 갑자기 날아와 삿대질을 하던 손가락에 "딱" 맞았답니다. 손가락이 퉁퉁 부어서 엄지손가락만 해졌는데 공을 맞자마자 어제 나한테 "너 몇 살이야?" 이러던 모습이 생각이 났다는 겁니다. 뭐 우연히 겹쳐서 이런 일이 생길 수도 있지만, 저는 목회를 하면서 때로는 직접 나설 수 없는 일에도 하나님이 기도에 응답을 해주시고, 또 때로는 이런 상황과 마음의 감동을 통해서 하나님과 마치 대화를 하고 있다는 것 같은 느낌을 받을 때가 많았습니다.

당시 개척을 하면서도 천만 원이 모자라서 구할 방법이 없어 매일 산에 가서 울며 기도하던 때였습니다. 말을 안 해서 그렇지 개척교회부터 지금까지 오며 서럽고 힘들고, 더럽고 치사했던 일이 없었겠습니까? 그런데 그런 상황에서 정말로 도움이 되고, 위로가 되었던 것은 바로 사람들의 위로나 관심이 아닌 하나님을 향해 드리는 기도였습니다.

언제나 진심을 다해 기도를 할 때 하나님은 한 번도 제 기도를 그냥 흘려보내지 않으시고 이런 방법으로, 때로는 저런 방법으로 저를 위로하시고, 가르치시고, 사랑을 부어주셨습니다. 그렇게 힘들고 힘들었던 길을 지치지 않고 주님만 보고 올 수 있던 원동력이 바로 기도였습니다.

그래서 참된 성도가 드리는 기도는 믿음의 표현이며, 깨어 있다는 증표이며, 하나님과의 교제의 방법입니다. 그렇기에 같은 마음으로 기도를 드리는 성도들끼리는 서로 기도를 통해 교제하게 되고, 위로하게 되고, 또 사랑하게 됩니다.

마지막으로 말씀을 정리하면 이렇습니다.

예수님은 기도가 급박하게 필요한 것임을 세상의 상황을 들어 말씀해 주셨습니다.

"인자가 나타나 가까이 올 그때에 사람들은 먹고 마시고 시집 가고 장가가고 사고 팔고 심고 집을 짓고 쾌락에 도취되어서 그게 전부인 것처럼 살아갈 거야. 그래도 너는 기도를 해야 돼. 기도를 멈추면 안돼. 기도하다가 낙심하면 안돼."

믿으십니까? 할렐루야!

때로는 말씀에 대한 갈급함도 없고, 어떤 기도 생활도 없이 그냥 종교 생활을 하는 사람들도 있습니다.

"교회는 나오지만, 돈이 최고지. 뭐, 나는 돈이 좋아."

돈만 되면 하나님도 잠깐 모른 척하고, 목사도 무시하고, 성도도 이용하고 그런 사람들도 물론 있습니다. 그래서 예수님은 우리에게 "너 이런 시대에도 기도할 수 있어?", "하겠다고? 그런데 쉽지 않을 거야. 그러니까 포기하면 안 돼" 이렇게 말씀하고 계신 것입니다.

제아무리 세상이 더욱 돈에 사무치고, 쾌락에 잠겨만 가도, 믿음으로 깨어 있어서 기도가 최고라고 고백하며 하나님과, 성도들과 기도를 통해 아름다운 교제를 하길 바랍니다. 또 "내가 정말로 기도하겠습니다", "평생 기도를 쉬지 않겠습니다"라는 고백을 당당히 주님께 드리길 축원합니다.

8

신앙생활의 마음가짐

과거보다 대학생들의 데모가 많이 줄었다고 합니다. 물론 시대가 변하기도 했지만 취업 경쟁으로 인하여 데모하는 데 내어줄 시간이, 여력이 줄었기 때문이라고 하더군요. 먹고, 마시고, 시집가고, 장가가는 일상생활에 매몰된 이 시대에서 우리는 어떤 마음을 갖고 신앙생활을 해야 할까요?

우리는 서로 연합해서 좋은 일만 하는 그런 교계를 꿈꿔야겠지만, 사회에서 이것저것 부딪치듯이 교계 안에서도 불난 호떡집처럼 시끄러운 상황입니다. 성경을 보니까 이렇게 사회와 교회가 시끄러운 게 지금만 시끄러운 게 아니고 이천여 년 전에 예수님 계실 때도 시끄러웠습니다.

마가복음 11, 12장에는 종교지도자들이 예수님을 찾아와서 던지는 다음의 네 가지 질문이 나와 있습니다.

① 권세에 대한 질문

"그들이 다시 예루살렘에 들어가니라 예수께서 성전에서 거니실 때에 대제사장들과 서기관들과 장로들이 나아와 이르되 무슨 권위로 이런 일을 하느냐 누가 이런 일 할 권위를 주었느냐 예수께서 이르시되 나도 한 말을 너희에게 물으리니 대답하라 그리하면 나

도 무슨 권위로 이런 일을 하는지 이르리라 요한의 세례가 하늘로
부터냐 사람으로부터냐 내게 대답하라 그들이 서로 의논하여 이
르되 만일 하늘로부터라 하면 어찌하여 그를 믿지 아니하였느냐
할 것이니 그러면 사람으로부터라 할까 하였으나 모든 사람이 요
한을 참 선지자로 여기므로 그들이 백성을 두려워하는지라 이에
예수께 대답하여 이르되 우리가 알지 못하노라 하니 예수께서 이
르시되 나도 무슨 권위로 이런 일을 하는지 너희에게 이르지 아니
하리라 하시니라" - 11:27~33

② 세금에 대한 질문

"그들이 예수의 말씀을 책잡으려 하여 바리새인과 헤롯당 중에서
사람을 보내매 와서 이르되 선생님이여 우리가 아노니 당신은 참
되시고 아무도 꺼리는 일이 없으시니 이는 사람을 외모로 보지 않
고 오직 진리로써 하나님의 도를 가르치심이니이다 가이사에게 세
금을 바치는 것이 옳으니이까 옳지 아니하니이까 우리가 바치리이
까 말리이까 한대 예수께서 그 외식함을 아시고 이르시되 어찌하
여 나를 시험하느냐 데나리온 하나를 가져다가 내게 보이라 하시
니 가져왔거늘 예수께서 이르시되 이 형상과 이 글이 누구의 것이
냐 이르되 가이사의 것이니이다 이에 예수께서 이르시되 가이사의
것은 가이사에게, 하나님의 것은 하나님께 바치라 하시니 그들이
예수께 대하여 매우 놀랍게 여기더라" - 12:13~17

③ 부활에 대한 질문

"부활이 없다 하는 사두개인들이 예수께 와서 물어 이르되 선생님
이여 모세가 우리에게 써 주기를 어떤 사람의 형이 자식이 없이 아

내를 두고 죽으면 그 동생이 그 아내를 취하여 형을 위하여 상속자를 세울지니라 하였나이다 칠 형제가 있었는데 맏이가 아내를 취하였다가 상속자가 없이 죽고 둘째도 그 여자를 취하였다가 상속자가 없이 죽고 셋째도 그렇게 하여 일곱이 다 상속자가 없었고 최후에 여자도 죽었나이다 일곱 사람이 다 그를 아내로 취하였으니 부활 때 곧 그들이 살아날 때에 그 중의 누구의 아내가 되리이까 예수께서 이르시되 너희가 성경도 하나님의 능력도 알지 못하므로 오해함이 아니냐 사람이 죽은 자 가운데서 살아날 때에는 장가도 아니 가고 시집도 아니 가고 하늘에 있는 천사들과 같으니라 죽은 자가 살아난다는 것을 말할진대 너희가 모세의 책 중 가시나무 떨기에 관한 글에 하나님께서 모세에게 이르시되 나는 아브라함의 하나님이요 이삭의 하나님이요 야곱의 하나님이로라 하신 말씀을 읽어보지 못하였느냐 하나님은 죽은 자의 하나님이 아니요 산 자의 하나님이시라 너희가 크게 오해하였도다 하시니라"- 12:18~27

④ 성경해석에 대한 질문

"서기관 중 한 사람이 그들이 변론하는 것을 듣고 예수께서 잘 대답하신 줄을 알고 나아와 묻되 모든 계명 중에 첫째가 무엇이니이까 예수께서 대답하시되 첫째는 이것이니 이스라엘아 들으라 주 곧 우리 하나님은 유일한 주시라 네 마음을 다하고 목숨을 다하고 뜻을 다하고 힘을 다하여 주 너의 하나님을 사랑하라 하신 것이요 둘째는 이것이니 네 이웃을 네 자신과 같이 사랑하라 하신 것이라 이보다 더 큰 계명이 없느니라 서기관이 이르되 선생님이여 옳소이다 하나님은 한 분이시요 그 외에 다른 이가 없다 하신 말씀이 참이니

이다 또 마음을 다하고 지혜를 다하고 힘을 다하여 하나님을 사랑하는 것과 또 이웃을 자기 자신과 같이 사랑하는 것이 전체로 드리는 모든 번제물과 기타 제물보다 나으니이다 예수께서 그가 지혜 있게 대답함을 보시고 이르시되 네가 하나님의 나라에서 멀지 않도다 하시니 그 후에 감히 묻는 자가 없더라" - 12:28~34

지금 우리가 처해 있는 상황과 비슷한, 어쩌면 더 복잡한 이야기들이 나옵니다.

이런 문제를 하나하나 언급하면서 해결하려면 아마 죽을 때까지 노력해도 해결할 수 없을 테지만, 바로 마가복음 11~12장에 나오는 예수님의 대답을 통해서 이 모든 문제들을 해결하고 진짜 신앙생활을 할 수 있는 3가지 마음가짐의 비밀을 알 수 있습니다.

1. 진짜 예수를 믿는 것

11장부터 당시 예루살렘에서 뛰어난 똑똑하고 잘난 사람들이 우르르 몰려와 예수님께 마구 질문을 퍼붓기 시작합니다. 그런데 그 질문들은 당시 종교인들 사이에서 뜨거운 감자와 같은 것들이어서, 이들은 예수님을 난처한 상황에 처하게 만들려고 공격을 하고자 했습니다. 11장 27절부터 쭉 나오는 본문의 길이가 상당하기 때문에 여기에선 구절이 나오는 곳만 언급을 하고 사람들의 질문과 예수님의 대답을 간략하게 알아보도록 하겠습니다.

(1) 권세에 대한 질문

11장 27절부터 33절에는 예수님의 권세에 대해 묻는 질문이 나옵니다. 한마디로 이런 질문입니다.

"당신 도대체 무슨 권세로 이런 일을 하는 거요?"

예수님은 이 질문에 다시 물으셨습니다.

"일단 내가 먼저 물어볼게, 요한의 세례가 하늘로부터야? 땅으로부터야?"

당시 요한은 참 선지자로 사람들의 인정을 받았습니다. 그러나 당시 종교인들은 요한을 믿지도, 인정하지도 않았습니다. 그래서 이들은 요한의 권세가 하늘로부터 왔다고 할 수도 없었고, 땅으로부터 나왔다고 할 수도 없었습니다.

(2) 세금에 대한 질문

12장 13절부터 17절에는 이런 질문이 나옵니다.

"우리가 가이사한테 세금을 바쳐야 되나요, 말아야 되나요?"

세금은 당연히 내야 하는 것이지만 당시 이스라엘은 로마의 식민지였습니다. 그래서 세금을 내라 그러면 '매국노'가 되고, 그렇다고 내지 말라 하면 실질적 통치자인 로마한테 찍히게 됩니

다. 한마디로 그냥 딴지를 걸려고 한 질문입니다. 그런데 예수님
은 여기에서 너무나 멋진 대답을 기가 막히게 하십니다.

“가이사의 것은 가이사에게 하나님의 것은 하나님에게 바쳐
야지.”

(3) 부활에 대한 질문

12장 18절부터 27절에는 부활에 대해 묻습니다.

당시 대표적인 유대교의 종파로 바리새인하고 사두개인이 있
었는데 이 사람들은 유대인들의 지도자 역할을 했습니다. 그런
데 같은 유대교이면서도 믿는 교리가 달랐습니다. 바리새인은
부활도, 천사도, 영도 다 있다고 주장했고, 사두개인은 부활도,
천사도, 영도 다 없다고 주장했습니다.

그런데 질문이 좀 황당합니다.

칠형제가 있었는데 큰형이 결혼해서 죽었는데 애가 없어서,
다음 형제가 대신 결혼을 해서 대를 잇는 계대혼인을 했습니다.
이걸 둘째, 셋째, 넷째, 쭉 이어가다가 일곱째까지 결혼을 했습
니다. 그럼 이 여자는 일곱 형제의 아내가 된 건데 부활을 하면
도대체 누구의 아내가 되느냐는 것이 질문이었습니다. 예수님은
이 질문에 요즘 애들 유행어로 치면 “응, 아니야. 부활하면 결혼
안 해”라고 말씀하셨습니다.

“부활은 있지만 그 부활이 다시 지금처럼 사는 것이 아니라
시집도, 안 가고, 장가도 안 가는데 뭐 그런 걸 물어보냐.”

제가 보기에도 이 사람들이 뭘 알려고 이런 질문을 한 것처럼

보이지는 않습니다.

(4) 성경 해석에 대한 질문

마지막 네 번째 질문이 28절입니다. 이번엔 성경을 잘 아는 직업인 서기관이 말씀에 대해 묻습니다.

"예수님, 보니까 정말 지혜가 있으십니다. 그러면 저는 성경에 대해 묻겠습니다. 도대체 이 많은 계명 중에 가장 중요한 계명이 뭡니까?"

그러자 예수님이 "첫째, 죽을 힘을 다해 하나님을 사랑하고, 둘째 네 이웃을 사랑해. 이거보다 더 큰 계명은 없어"라고 말씀하시자 이 서기관은 확실히 성경을 연구하는 학자라 그런지 예수님의 해석을 듣고는 탄복하며 깨달음을 얻습니다.

위의 부활에 대해 물은 사두개인과는 달리, 이 서기관은 확실히 뭘 알고 싶어서 예수님께 물은 것이 분명합니다. 그래서 예수님은 이 서기관의 대답을 듣고 "내 말을 듣고 깨닫는 걸 보니 너도 참 지혜가 있구나, 내가 보기엔 하나님의 나라에서 네가 멀지 않은 곳에 있다"라고 칭찬을 하셨습니다.

이렇게 예수님이 모든 질문에 완벽하게 대답을 하니까 거기 모인 사람들이 하나같이 벙어리가 돼서 말문이 막혔습니다. 그러니까 예수님이 이번에는 역으로 그들에게 질문을 하셨습니다.

"예수께서 성전에서 가르치실새 대답하여 이르시되 어찌하여 서기관들이 그리스도를 다윗의 자손이라 하느냐 다윗이 성령에 감동되어 친히 말하되 주께서 내 주께 이르시되 내가 네 원수를 네 발 아래에 둘 때까지 내 우편에 앉았으라 하셨도다 하였느니라 다윗이 그리스도를 주라 하였은즉 어찌 그의 자손이 되겠느냐 하시니 많은 사람들이 즐겁게 듣더라" - 마가복음 12:35-37

이 말씀은 예수님이 시편 110편 1절을 인용하신 것입니다. 110편에서 다윗은 그리스도에 대해서 언급을 했는데, 다윗이 그리스도보다 분명 먼저 태어난 사람인데 어떻게 나중에 태어날 그리스도를 주라고 표현을 했는지를 물으신 것입니다.

다시 말하면 이런 상황입니다.

사람들은 예수님한테 달려와서 신앙에 관련된 이런저런 문제들을 묻습니다.

"예수님, 진짜 맞아요?", "세금은 어떡해야 돼요?", "부활이 있으면 이런 건 말이 안 되잖아요?", "그런데 이 말씀은 뭐죠?"

그런데 예수님은 이런 질문에 모두 대답을 해주시고 역으로 물으십니다.

"자, 그건 그렇고⋯ 그런데 너네 예수님 믿는 거 맞니? 하나님 믿는 거 맞니? 세금, 중요하지, 말씀 해석, 물론 중요하지 그런데 뭔가 중요한 게 빠진 거 아니야? 니네 정말 예수님 믿어, 진짜 예수님이 누군지 알아?"

저는 지금 이 시대에 예수님이 계신다면 저때와 똑같은 상황이 벌어질 것 같다고 생각합니다. 아마도 광화문 같은 데서 예수님에게 이것저것 물으려고 사람들이 넘쳐날 겁니다. 그러면 "세습은 어떻게 생각해요?", "십일조 꼭 해야 돼요?", "주일 성수가 중요한가요?" 이런 걸 묻고, 예수님은 완벽한 지혜로 대답을 해 주실 것입니다. 그러나 그 질문에 대한 답을 얻은 뒤에 예수님은 다시 우리에게 물으실 것입니다.

"그런데 너 진짜 예수님 믿니? 내가 누군지 진짜 알아?"

신앙생활의 사사로운 문제에 하나씩 얽매이다 보면 아무리 지혜롭게 공부를 하고 해결을 한다고 해도 결코 끝이 나지 않습니다. 그러나 정말 중요한 질문인 "예수님이 누구인지 아는 것", "내가 진짜 믿는지"에 대한 답을 찾으면 모든 문제는 자연스럽게 해결됩니다.

2. 구별 짓지 않는 것

예수님은 "너네가 예수님 믿는 거, 신앙생활이 뭔지 알아?"라는 질문을 던지시고는 진짜 믿는 사람의 삶과, 가짜로 믿는 사람의 삶을 대조로 비유하셨습니다. 먼저 첫 번째로는 가짜로 믿는 사람의 행태를 꼬집으셨습니다.

"예수께서 가르치실 때에 이르시되 긴 옷을 입고 다니는 것과 시장에서 문안 받는 것과" – 마가복음 12:38

이 말씀이 왜 가짜로 믿는 사람을 나타내는 말씀일까요?

그 원인은 바로 긴 옷에 있습니다. 긴 옷을 입고 다닌다는 것은 바로 "나는 너희들하고 달라"라고 표시를 내는 구별의 의미이기 때문입니다.

한때 우리 교회에서도 성공해서 강남으로 이사를 가면서 교회 옮긴 분들이 꽤 있습니다. 강남 살면 강남에 있는 교회에 다녀야 급이 맞지 뭐 이런 생각인지는 모르겠지만, 많은 정도가 아니라 아예 김성진 장로님, 양규영 집사님 부부 빼고는 다 강남으로 이사 가면서 교회도 옮겨버렸습니다. 그리고 한때는 자동차 번호판 가지고도 줄을 세우기도 했습니다. 지금처럼 전국 번호판 아니고 지역 번호판일 때 강남은 55 뭐 이런 숫자로 시작했는데, 이 번호판 하나 달라고 돈 좀 벌면 강남으로 이사 가는 사람 많았습니다.

'에이, 설마' 이렇게 생각하시는 분들 있을 텐데 길가다가 번호판 '1111, 0000' 뭐 이런 거 보면 그 안에 대부분 국회의원이나 정치인들 타고 있습니다. 힘 있고 빽 있는 사람들은 그 번호판이 뭐라고 그렇게 목숨 거는지 모르겠지만 벌써 자동차 번호판부터 있는 티 팍팍 내고 그럽니다. 여기 나오는 긴 옷이 바로 그런 역할이라고 보면 됩니다.

그런데 교회에서는 결코 사람을 구별 짓고 나누면 안 됩니다. 부자라고 부자들끼리 놀고 어려운 사람은 어려운 사람하고 노는 게 아니고, 상황이 어쨌든 최소한 믿음 안에서라도 같이 어울려 사는 사람이 될 수 있어야 합니다. 잘못된 마음으로 신앙생활하는 첫 번째는 바로 구별 짓는 것입니다.

그리고 뒤이어 잘못된 명예욕의 특징이 바로 나오는데 시장에서 문안 받는 것입니다.

긴 옷을 입고 다니는 것? 요즘 금배지 달고 다니듯이 내가 이런 사람이라는 걸 나타내고 있는 것입니다. 그리고 사람이 많은 시장에 가니까 여러 사람들이 그 긴 옷을 보고 굽신굽신 하는 상황입니다. 그리고 29절에 화룡정점으로 "회당의 높은 자리와, 잔치의 윗자리를 원하는"이라는 말씀이 나옵니다.

뉴스 보면 가끔씩 정치인들이 서로 상석 차지하려고 신경쓰는 모습도 나오곤 합니다. 어떤 교회 보면 장로님들 따로 앉는 자리도 있습니다. 그런데 저는 그런 꼴이 보기 싫어서 그냥 좌석 구분을 아예 없애고 "장로님들은 되도록 앞에서 예배 드려 주세요"라고 말만 했습니다.

결국 긴 옷, 인사를 받으려고 시장을 찾는 발걸음, 회당의 높은 자리, 잔치의 윗자리가 다 명예욕을 위한 구분 짓기인 것입니다. 그런데 이런 것들이 다 진짜 예수님을 몰라서 엉뚱한 짓을 하고 있는 겁니다. 질병을 고치고, 만물을 다스리고, 영적인 세계를 지배하고 우리에게 참된 기쁨을 주는 신앙이자, 모든 삶을 치료하는 의사이신 예수님! 우리가 맨 앞장에서 배웠던 그 예수님을 진짜 알게 되면 이런 헛된 명예욕이 사라지고, 모든 구분 짓기가 사라지고 오로지 순전한 마음만 남게 됩니다.

3. 순전함으로 드리는 것

이어서 헌금하는 여인의 모습을 보고는 예수님이 제자들에게 칭찬을 하십니다.

> "예수께서 헌금함을 대하여 앉으사 무리가 어떻게 헌금함에 돈 넣는가를 보실새 여러 부자는 많이 넣는데 한 가난한 과부는 와서 두 렙돈 곧 한 고드란트를 넣는지라 예수께서 제자들을 불러다가 이르시되 내가 진실로 너희에게 이르노니 이 가난한 과부는 헌금함에 넣는 모든 사람보다 많이 넣었도다 그들은 다 그 풍족한 중에서 넣었거니와 이 과부는 그 가난한 중에서 자기의 모든 소유 곧 생활비 전부를 넣었느니라 하시니라" - 마가복음 12:41-44

아마 이 말씀 읽으면서 마음이 불편한 분들도 계실 것 같습니다. 가진 거 다 털어서 헌금하라는 것 같은 생각이 들기도 하고 그럴 텐데, 이 말씀을 제대로 이해해야 신앙생활의 가장 중요한 키포인트를 알게 됩니다.

이 여인이 헌금한 두 렙돈은 참새 한 마리도 살 수 없는 적은 돈입니다. 한 앗사리온이 참새 2마리를 살 수 있는 돈인데 두 렙돈은 그 돈의 반의 반 정도밖에 안 되는, 액수로만 따지면 아주 적은 돈입니다. 그런데 그 적은 돈이 이 여인이 하루를 살아가기 위한 전부였습니다. 그런데 이 여인은 망설임 없이 자신의 전부를 헌금함에 넣었고, 예수님은 이 모습을 칭찬하셨습니다. 중요한 것은 여기서 예수님은 가진 모든 것을 넣은 행위를 칭찬한 것이 아니라 '설령 내가 가진 것을 모두 드린다 할지라도 예수님이 나를 책임져 주실 것이다'라는 '진정성', '순전한 믿음' 바로 이걸 보시고 칭찬하신 것입니다.

사실 종교적인 위선은 약간 희생하면서 얼마든지 할 수 있습니다. 위에 예수님이 본받지 말라고 한 사람들도 다 교회생활 열심히 하고 돈을 많이 헌금한 사람들이었습니다. 그러나 이런 사람들의 신앙생활에선 '순전함', '진정성', '의지함' 이런 단어들이 빠져 있기에 설령 그 과부보다 더 많은 돈을 헌금할지라도, 성경을 더 많이 알고, 성전에 더 오래 머무를지라도 하나님이 기뻐하지 않으십니다.

이어서 13장에는 이제 신앙을 구분지어 잘못된 명예욕을 동기로 삼은 사람과 예수님을 진짜로 알고 순전한 믿음으로 모든 것을 의탁하는 사람의 차이점이 나옵니다.

"예수께서 성전에서 나가실 때에 제자 중 하나가 이르되 선생님이여 보소서 이 돌들이 어떠하며 이 건물들이 어떠하니이까 예수께서 이르시되 네가 이 건물들을 보느냐 돌 하나도 돌 위에 남지 않고 다 무너뜨려지리라 하시니라" – 마가복음 13:1-2

한마디로 이런 말입니다.

"너, 이 서기관들처럼 그런 마음으로 신앙생활을 하면 어떻게 되는지 알아? 구별 짓고, 교만하고, 욕심 부리고, 이래가지고는 참되게 성전을 세울 수가 없어. 금방 와르르 무너져.”

반면에 과부와 같이 순전한 믿음으로 예수님께 모든 것을 맡기는 사람은 예수 그리스도라는 터 위에 집을 짓는 현명한 사람입니다.

> “내게 주신 하나님의 은혜를 따라 내가 지혜로운 건축자와 같이 터를 닦아 두매 다른 이가 그 위에 세우나 그러나 각각 어떻게 그 위에 세울까를 조심할지니라 이 닦아 둔 것 외에 능히 다른 터를 닦아 둘 자가 없으니 이 터는 곧 예수 그리스도라 만일 누구든지 금이나 은이나 보석이나 나무나 풀이나 짚으로 이 터 위에 세우면 각 사람의 공적이 나타날 터인데 그날이 공적을 밝히리니 이는 불로 나타내고 그 불이 각 사람의 공적이 어떠한 것을 시험할 것임이라 만일 누구든지 그 위에 세운 공적이 그대로 있으면 상을 받고 누구든지 그 공적이 불타면 해를 받으리니 그러나 자신은 구원을 받되 불 가운데서 받은 것 같으리라” – 고린도전서 3:10-15

우리 모두는 다 예수 그리스도의 터 위에 집을 짓는 사람입니다. 그런데 우리 안에 자꾸 인정받고 싶어하고 명예를 추구하는 속사람이 누구에게나 다 있습니다. 겉으로 볼 때 목사고, 장로고 권사지. 우리 안에는 저마다 욕심이 다 있습니다. 그런데 하나님의 일을 할 때 이 욕심꾸러기가 하나님을 향한 순전한 믿음을 이기면 쌓아온 건물이 다 무너집니다.

우리가 교회의 잘못된 것들에 대해서 정당히 비판은 할 수 있습니다. 각자의 소견이 있을 수 있고, 필요도 합니다. 그러나 그런 길이 하나님을 향한 순전한 마음을 잃게 만들고, 마가복음에 나오는 종교인들처럼 잘잘못이나 따지면서 진짜 중요한 게 뭔지 모르게 만드는 것은 아닌지 다 같이 점검해 봐야 합니다.

우리는 다 예수 그리스도의 터 위에 집을 짓고자 하는 사람입니다. 그래서 늘 내 안의 연약한 나, 욕심 많은 나, 명예를 탐하는 나와 싸움을 해야 합니다. 그렇기에 우리는 이 싸움 가운데 다 실수하고 다 잘못을 합니다. 그러나 그럼에도 하나님의 뜻대로 살아가려고 내가 조금씩 이겨나가면서 두 렙돈을 바친 과부처럼 진정성, 순전함, 어떤 의지함과 같은 것들이 조금씩 내 마음 가운데 채워져 나가는 신앙생활이 될 때 참된 성전을 세울 수 있게 됩니다.

혼란하고 어두운 이 세상 가운데 진짜 중요한 것이 무엇인지 알고, 참 빛 되신 예수님을 온전히 바라보는 신앙생활을 하며 하나님이 주신 달란트대로 쓰임 받기를 간절히 바라고 축원합니다.

9

예수님 곁의 사람들

<<바울의 동역자와 대적자>>라는 합동신학대학원의 조병수 교수의 책이 있습니다. 바울은 주님의 일을 하는 자기를 도와 협력하는 사람들을 "나의 동역자"라고 불렀습니다. 그 책 서문에 "무엇보다도 나는 동역자를 통하여 사도 바울의 위력을, 대적자들을 통하여는 사도 바울의 진가를 알게 되었다. 마치 뛰어난 운동선수가 동료들의 지원을 받을 때 더욱 빛나는 실력을 발휘하듯이, 사도 바울은 동역자들의 도움으로 감격의 사역을, 대적자들의 훼방으로 고통을 발견하게 되었다"라고 말합니다. 예수님 곁에도 동역자와 대적자들이 있었고, 이것은 오늘날 우리가 신앙생활 하는 교회에도 똑같은 모습일 것입니다. 예수님 곁의 사람들을 통해 나의 모습은 어떤 모습인가를 진단해 보도록 하겠습니다.

신학교를 졸업하고 부교역자로 섬기던 교회에서의 사역을 마무리하고 개척을 준비하고 있었을 때였습니다. 당시 제가 모시고 있던 의정부 성만교회 한용준 목사님은 마지막 식사 자리에서 이런 덕담을 해주셨습니다.

"이 목사는 인복이 있어서 평생 그거만 뜯어먹고 살아도 목회는 잘할 거니 걱정 마."

개척 후 24년이 지나고 있는 지금 많은 사람들을 만났고, 많은 일들이 있었습니다.

그런데 지금 예배시간에도 개척 초기부터 함께한 많은 동역자들이 비록 머리는 조금 희끗해졌지만 변함없이 함께하는 모습을 볼 때 '이분들이 함께하지 않았다면 지금처럼 목회를 할 수 있었을까?'란 생각이 들기도 합니다. 아마 한용준 목사님이 말씀하신 저의 인복은 바로 이분들을 두고 말씀한 것 같다는 생각도 듭니다. 그동안 함께한 많은 사람들이 있었지만 이렇게 한결같이 제 곁을 지켜주며 함께한 동역자들은 많지 않았기 때문입니다.

2000여 년 전 예수님 곁에도 많은 사람들이 있었습니다. 이 사람들 중에는 예수님을 전적으로 따르던 열두 제자와 같은 사람들도 있었지만 자기 소견에 옳은 대로 예수님을 이용하기 위해서 곁에 머물던 사람들도 많았습니다.

오병이어 때는 이적을 보고 예수님을 왕으로 삼으려는 유대인들이 5천 명이 넘었고, 칠병이어 때는 4천 명이 넘는 사람들이 예수님을 보기 위해 마른 땅바닥에 앉아 있었습니다. 예수님이 직접 부르신 열두 제자는 늘 곁에 있었고, 때때로 훨씬 많은 무리들이 따랐습니다. 니고데모 같은 예수님을 찾아올 수 없는 위치에 서 있던 사람들이 밤에 몰래 찾아올 정도였기에 아마 예수님이 가시는 마을마다, 거리마다 아주 많은 사람들이 모여 있었을 겁니다.

그런데 마태복음 27장을 보면 예수님이 이 땅에 오신 사명을 완수하는 장면이 나옵니다. 바로 우리를 구원하기 위해서 하나님의 아들로 감내할 수 없는 고난을 겪으며 결국 죽기까지 하셔야 하는 고통의 그 길, 그 길을 걸어갈 때 예수님의 주변에 누가 남아 있는지 확인할 수가 있습니다.

> "이에 총독의 군병들이 예수를 데리고 관정 안으로 들어가서 온 군대를 그에게로 모으고 그의 옷을 벗기고 홍포를 입히며 가시관을 엮어 그 머리에 씌우고 갈대를 그 오른손에 들리고 그 앞에서 무릎을 꿇고 희롱하여 이르되 유대인의 왕이여 평안할지어다 하며 그에게 침 뱉고 갈대를 빼앗아 그의 머리를 치더라 희롱을 다 한 후 홍포를 벗기고 도로 그의 옷을 입혀 십자가에 못 박으려고 끌고 나가니라" – 마태복음 27:27-31

월마트의 창업자 샘 월튼은 임종 전에 비서에게 이런 말을 남겼다고 합니다.

"병상에 앉아 한 달 정도 있다 보니 나에게 진짜 친구라고 할 만한 사람이 한 명도 없다는 사실을 알았네. 아무래도 내 인생은 실패한 것 같아."

인생의 마지막 때에 누구보다 위로가 필요할 때에 미국 최고의 부자 중 한 명인 샘 월튼의 곁에는 친구라고 부를 만한 사람이 없었습니다.

2차 대전 당시 독일군으로부터 2500명의 어린이를 구해 폴란드의 '쉰들러 리스트'로 불리는 이레나 샌들러 여사는 동료의 밀고로 감옥에 갇혀 모진 고문을 당했습니다. 다행히 목숨을 구했지만 가장 친한 친구의 밀고로 감옥에 갇혔던 경험 때문에 이레나 여사는 이후 사람을 사귈 때마다 '이 사람은 끝까지 나를 지켜 줄 수 있는 사람인가?'라는 생각을 하게 됐고, 이후 인생의 성공 역시 '끝까지 믿을 수 있는 사람이 곁에 있는 사람'을 기준으로 평가하게 됐습니다. 결국 인생에서 가장 중요한 것은 마지막 때에 어떤 사람이 내 곁에 있느냐가 참으로 중요합니다.

다시 성경으로 돌아오면 예수님의 공생애 기간 동안에는 참으로 많은 사람들이 곁에 있었습니다. 예수님이 골고다 언덕을 오르며 고난을 당하던 당시에도 많은 사람들이 곁에 있었지만 예수님 곁에 있던 그 사람들이 다 예수님의 제자가 아니며, 또 예수님을 믿는 사람도 아니었습니다.

마태복음 27장에 기록된 예수님의 마지막 모습을 통해서 우리는 최후의 사명을 감당하시러 고난의 길을 걷고 계신 예수님 곁에 남아있던 사람이 누군지를 살펴봄으로 내가 지금 어떤 사람으로 예수님 곁에 서 있는지 점검해봐야 합니다.

예수님 주변의 세상 사람들

예수님 곁에 있던 사람들을 떠올려 보면 우리는 무의식적으로 열두 제자를 먼저 떠올리게 됩니다. 그리고 마리아와 니고데모, 예수님이 고쳐주신 수많은 병자들같이 예수님께 은혜를 입고,

예수님은 높여 찬양한 인물들이 떠오릅니다. 그러나 조금 더 깊이 성경을 묵상하면 예수님 곁에 항상 좋은 사람들만 있었던 건 아님을 알 수 있습니다. 사람이 사는 사회에는 결코 그렇게 완벽하게 돌아가는 곳이 단 한 군데도 없습니다.

많이 배운 사람, 적게 배운 사람, 돈 많은 사람, 돈 없는 사람, 세상, 교회 다 마찬가지입니다.

제가 신학교 처음 들어갔을 때 첫 채플 시간에 광고를 듣고 깜짝 놀라 기절하는 줄 알았습니다. 담당자가 나와서 아무렇지도 않게 광고를 했습니다.

"여러분, 채플 중에 지갑 및 소지품 조심들 하세요."

목사님 되겠다고, 말씀을 공부하겠다고 온 사람들이 어떻게 도둑질을 할 수 있는지 저는 이해가 안 되었습니다. 그러나 신학교라 하더라도 어디나 흠이 있는 사람이 있습니다. 교회에 다닌다고, 신학교에서 공부한다고, 예수님 곁에 오래 있었다고 사람이 다 천사같이 변하고, 참된 제자가 되는 것은 아닙니다. 지금 우리가 보는 사람들 중 예수님 팔아먹으려는 사람들, 희롱하는 인간들, 심판자처럼 행동하는 사람들, 모사꾼들, 아무 생각 없이 이리저리 끌려 다니는 무리들이 있듯이 예수님이 십자가 고난을 당하실 때에도 주위에는 그런 사람들이 몰려 있었습니다.

1. 예수님을 이용해 먹으려는 삯꾼

마태복음 27장은 예수님이 로마군에게 잡혀 재판을 받고 십자가에 달리실 때까지의 과정이 나옵니다. 그때 예수님이 군인들에게 잡혀 빌라도에게 재판을 받으러 끌려갈 때 가장 먼저 가룟 유다의 모습이 나옵니다.

"그때에 예수를 판 유다가 그의 정죄됨을 보고 스스로 뉘우쳐 그 은 삼십을 대제사장들과 장로들에게 도로 갖다 주며" - 마태복음 27:3

어떤 사람들은 가룟 유다가 진짜 은 삼십을 챙길려고 예수님을 팔았겠느냐, 뭔가 다른 이유가 있지 않겠느냐 하면서 별의별 소설 같은 이야기까지 다 나옵니다만 정황상 가룟 유다는 분명히 돈을 받았고, 또 예수님이 잡혀가시는 모습을 보며 죄책감을 느껴 그 돈을 다시 돌려줬습니다.

저는 가룟 유다가 은 삼십 때문에 예수님을 팔았다는 이야기가 충분히 납득이 갑니다. 우리 주위에도 은 삼십보다 훨씬 적은 이득을 얻으려고 교회에서 예수님을 파는 사람들이 많이 있지 않습니까? 당시에도 하나님을 믿지도 않으면서 교회에서 아예 대놓고 시장처럼 물건 파는 곳으로 생각하던 사람들이 많았습니다.

"예수께서 성전에 들어가사 성전 안에서 매매하는 모든 사람들을 내쫓으시며 돈 바꾸는 사람들의 상과 비둘기 파는 사람들의 의자를 둘러 엎으시고 그들에게 이르시되 기록된 바 내 집은 기도하는 집이라 일컬음을 받으리라 하였거늘 너희는 강도의 소굴을 만드는 도다 하시니라" - 마태복음 21:12-13

교회 안에 머물고 있다고, 예배를 드리고 있다고 모두 예수님 곁에 있는 사람이 아닙니다. 때로는 작은 이익을 위해 예수님을 파는 가룟 유다와 같은 사람들이 더 많기도 합니다. 저는 그래서 목회를 하며 교회에서도 성도들에게 유독 강조하는 것 중의 하나가 "교회를 상업적으로 이용하지 말라"는 것입니다.

가끔씩 교회 내에서 성도들끼리 돈 거래나 비즈니스를 하다가 교회가 소위 콩가루가 되는 경우를 많이 봤습니다. 정말 신실해서, 믿음도 좋아보여서 돈을 빌려줬더니 거의 모든 성도들한테 똑같은 사기를 쳐서 돈을 받고는 갑자기 사라져 버린 경우도 봤습니다. 더 웃긴 건 자기들이 믿고 빌려줘 놓고 나중에 목사한테 책임지라고 모든 걸 떠넘기는 모습입니다. 목사 허락도 안 받고 자기들끼리 돈 빌려줘 놓고 도대체 왜 목사 탓을 하는지는 모르겠습니다만, 누구의 잘잘못을 떠나 이런 일들은 하나님의 전인 교회가 바로 서는 데 아무런 덕이 되지 않기 때문에 반드시 막아야 할 일들입니다.

그래서 저는 교회 내에서는 어떤 상업적 부탁이나, 돈 거래를 일체 금지하고 있습니다. 하다 못해 정말 내가 지금 당장 죽겠다, 돈이 정말 꼭 필요한데 도저히 융통이 안 된다 할 때는 교회

내의 여자 전도사님들에게 먼저 상황을 알아 보라고 부탁하고, 그러면 여자 전도사님들이 저에게 연락을 하면 다시 저는 재정을 맡은 장로님들께 전화해서 동의를 구하고 통과를 시킵니다. 이렇게 아무리 작은 돈이라도 교회 절차를 거칠지언정 투명하고 정직하게 처리를 해야 나중에 별 탈이 없습니다. 그러나 이런 절차가 있음에도 저는 되도록 돈 빌려달라거나, 사업에 관한 얘기를 교인들끼리 하지 말아달라고 수차례 당부를 합니다. 때로는 은 삼십에 눈이 멀어 참된 진리이신 예수님을 파는 것이 우리 인간의 악한 본성이기 때문입니다.

2. 망설이는 사람

이제 가룟 유다가 나온 뒤에 예수님은 빌라도 앞에 끌려가 재판을 받으셨습니다. 그런데 빌라도는 예수님 앞에서 매우 거들먹거리며 물었습니다.

"예수께서 총독 앞에 섰으매 총독이 물어 이르되 네가 유대인의 왕이냐 예수께서 대답하시되 네 말이 옳도다 하시고" - 마태복음 27:11

이때 빌라도는 예수님께 자신이 예수님의 목숨을 좌지우지할 수 있는 높은 사람이라는 것을 매우 강조하며 말했습니다.

요한복음 19장을 보겠습니다.

"빌라도가 이르되 내게 말하지 아니하느냐 내가 너를 놓을 권한도

있고 십자가에 못 박을 권한도 있는 줄 알지 못하느냐 예수께서
대답하시되 위에서 주지 아니하셨더라면 나를 해할 권한이 없었으
리니 그러므로 나를 네게 넘겨 준 자의 죄는 더 크다 하시니라"-
요한복음 19:10-11

다시 말하면 지금 빌라도는 앞에 끌려온 죄인이 자기가 유대
인의 왕이라고 하니까 기가 차서 이렇게 말하는 것입니다.

"네가 왕이라고? 근데 지금 내가 너를 놓아줄 권세도 있고 죽
일 권세도 있는 거 알아?"

이 말을 듣고 예수님이 "야, 그거 위에서 주지 않으셨으면 너
한테 없었어"라고 대답하신 상황입니다. 그리고 빌라도는 이런
기세등등한 답변과는 달리 예수님의 처우를 결정하는 데에 상
당히 망설이는 모습을 보여줍니다. 만약 예수님이 자신을 왕이
라고 표현한 것이 기분이 나빴다면, 사람들 말에 따르고, 선동하
는 사기꾼으로 생각했다면 당장 사형을 시키던가, 감옥에 가두
면 될 텐데, 아무리 아내의 꿈 때문에 신중했다 하더라도 몇 번
이고 예수님을 풀어주거나, 그냥 십자가에 못 박지 않고 적당히
넘기려는 액션을 취하다가, 결국 민란이 날까 두려워 유대인들의
뜻에 따라 알아서 하라며 손을 뗍니다. 그러나 그러면서도 앞에
서 손을 씻으면서 끝까지 자신은 예수님의 십자가 사건에 가담
하지 않았음을 어필하려고 합니다.

"그들이 모였을 때에 빌라도가 물어 이르되 너희는 내가 누구를 너

희에게 놓아 주기를 원하느냐 바라바냐 그리스도라 하는 예수냐 하니 이는 그가 그들의 시기로 예수를 넘겨 준 줄 앎이더라 총독이 재판석에 앉았을 때에 그의 아내가 사람을 보내어 이르되 저 옳은 사람에게 아무 상관도 하지 마옵소서 오늘 꿈에 내가 그 사람으로 인하여 애를 많이 태웠나이다 하더라 대제사장들과 장로들이 무리를 권하여 바라바를 달라 하게 하고 예수를 죽이자 하게 하였더니 총독이 대답하여 이르되 둘 중의 누구를 너희에게 놓아 주기를 원하느냐 이르되 바라바로소이다 빌라도가 이르되 그러면 그리스도라 하는 예수를 내가 어떻게 하랴 그들이 다 이르되 십지가에 못 박혀야 하겠나이다 빌라도가 이르되 어찜이냐 무슨 악한 일을 하였느냐 그들이 더욱 소리 질러 이르되 십자가에 못 박혀야 하겠나이다 하는지라 빌라도가 아무 성과도 없이 도리어 민란이 나려는 것을 보고 물을 가져다가 무리 앞에서 손을 씻으며 이르되 이 사람의 피에 대하여 나는 무죄하니 너희가 당하라" – 마태복음 27:17-24

말씀의 정황상 빌라도는 아마도 예수님이 범상치 않은 사람이라는 것을 분명 느꼈을 것입니다. 그리고 들리는 소문이나 여러 정황에 의해 아마도 예수님이 진짜 메시아일지도 모른다는 생각을 했던 것 같습니다. 그러나 결국 이러지도 저러지도 못하며 결단을 내리지 못한 그는 예수님이 십자가에 달려 돌아가시는 일에 본의가 아닐지라도 일조를 하고 맙니다.

저는 가끔씩 교회는 다니지만 신앙생활이 아닌 그냥 종교생활을 하는 사람들에게 이런 모습을 봅니다. 분명 하나님이 어딘가에 계신다는 생각에 일단 교회는 나오지만 내 인생은 내 마음대로, 내가 나의 심판자이자 결정권자라는 생각으로 끝까지 결단을 못하고 떠밀려 사는 인생, 그러나 그런 인생은 결국 예수님 없이 살아가며 예수님과 아무런 관련이 없는 표류하는 인생으로 살다가 끝날 뿐입니다.

예수님 주위의 그리스도인들

반면에 예수님 주위에는 예수님을 따르고 믿었던 사람들이 있습니다. 그런데 이 모습 역시 한두 가지로 정의하기 힘들 정도로 다양한 군상이 존재합니다. 그중에 특히 신앙에 도움이 될 만한 4가지 모습을 살펴보겠습니다.

1. 도망간 사람들

예수님에게는 언제나 함께하던 열두 제자가 있었습니다. 그리고 그중에서도 각별히 더욱 아끼시던 세 명의 제자가 있었습니다. 그러나 예수님이 십자가에 달려 돌아가실 때에 곁에 있던 제자는 요한 단 한 명뿐이었습니다.

이후의 기술된 정황으로 볼 때 아마 나머지 제자들은 믿고 따르던 예수님이 잡혀가신 것을 보고는 겁에 질려 마가 다락방에 숨어 있었던 것 같습니다. 흔히들 베드로와 몇몇 제자들은 예수님을 버리고 갈릴리로 돌아가 고기를 잡은 것으로 아는데, 그렇다면 예수님께서 굳이 부활 후 만난 제자들에게 갈릴리에서 보자고 하시지는 않았을 것입니다. 결국 이들은 너무나 두려워 떠나긴 떠났으나 완전히 떠나지는 못하고 주변을 배회했습니다.

오늘날 교회에도 이런 성도들이 많지 않습니까?

헌신하기 싫어서 큰 교회로 도망가고, 목사님이 헌금에 대한 설교하면 마음이 불편해서 교회 몇 주 안 나오고, 봉사할 일 있으면 핑계 대고 빠지고… 물론 아직 연약한 믿음일 때는 그럴 수 있습니다. 사실 이런 모습이 너무나 당연한 인간적인 모습입니다.

그러나 모두가 두려워 떠나는 그 순간까지 자리에 남아 있는 사람은 쓰임 받습니다. 예수님은 다른 형제가 3명이나 있었지만 그들이 복음을 믿지 않는다는 이유로 사랑하는 제자 요한에게 어머니를 부탁했습니다.

"예수께서 자기의 어머니와 사랑하시는 제자가 곁에 서 있는 것을 보시고 자기 어머니께 말씀하시되 여자여 보소서 아들이니이다 하시고 또 그 제자에게 이르시되 보라 네 어머니라 하신대 그때부터 그 제자가 자기 집에 모시니라" - 요한복음 19:26-27

요한은 베드로와 야고보와 함께 예수님이 가장 총애한 제자였습니다. 그리고 또한 예수님이 십자가에 달려 돌아가실 때까지 유일하게 곁에 있던 제자였습니다. 그래서 다른 복음서와는 달리 요한은 예수님의 십자가에서 돌아가심과 부활이 자기가 분명히 목격한 사실임을 곳곳에서 증언하고 있습니다.

"군인들이 가서 예수와 함께 못 박힌 첫째 사람과 또 그 다른 사람의 다리를 꺾고 예수께 이르러서는 이미 죽으신 것을 보고 다리를 꺾지 아니하고 그중 한 군인이 창으로 옆구리를 찌르니 곧 피와 물이 나오더라 이를 본 자가 증언하였으니 그 증언이 참이라 그가 자기의 말하는 것이 참인 줄 알고 너희로 믿게 하려 함이니라" - 요한복음 19:32-35

우리가 교회 일에 지치고 힘들 때, 그리고 너무나 현실에서 도망치고 싶을 때 반드시 기억해야 할 것은 결국 끝까지 주님이 주신 자리에 남아있는 사람이 가장 먼저, 가장 귀하게 쓰임받는다는 사실입니다.

2. 무리들

제가 예전에 중국 선교사님들과 일본을 간 적이 있는데 그때 새벽 5시쯤 갑자기 진도 7이 넘는 강진이 발생했습니다. 저는 비교적 안전한 한국에서 사니까 그동안 한번도 지진을 경험해본 적이 없는데, 갑자기 막 땅이 흔들리고 건물이 휘청하니까 식은 땀이 나면서 일단 급한 마음에 TV부터 켰습니다. 그런데 지진 속보 방송을 딱 두 군데에서만 하고 나머지는 홈쇼핑도 하고, 뭐 만화도 하고, 예능도 하고… 그러니까 좀 안심이 됐고, 지진 도 곧 멈췄습니다. 그래서 저는 예전에 일본에서 이런 경험이 있 어서 알았는데 최근에 인터넷 보니까 ‘지진 따윈 신경 안 쓰는 일본 방송국’ 이란 제목으로 아무리 강진이 발생해도 꿋꿋이 자 기 방송하는 일본의 몇몇 방송국의 사진 파일이 유머자료라고 돌아다니고 있더라구요.

그런데 비상 전시 상태나 이럴 때야 당연히 온 방송이 속보를 띄워야 하지만 뭐 가벼운 재해나 투표 결과나 이런 것들은 가볍 게 밑에 자막으로만 띄워주고 전문 방송 한두 군데서만 하는 것 이 저는 더 좋다고 생각합니다.

최근에 경주에서 여진이 잠깐 났을 때도 갑자기 온 방송국에 서 다 지진 관련 이야기만 했는데 아마 몇몇 방송이 일본처럼 ‘줏대’ 있게 정규 방송을 했으면 다음날 여론으로 두들겨 맞을 것 같습니다. 안 그렇습니까?

그런데 아주 급한 상황 아니면 이렇게 시류에 휩쓸리지 않고 꿋꿋하게 자기주장을 지키는 것이 신앙생활에는 꼭 필요합니다.

마태복음 27장 20절을 보면 ‘무리들’이라고 나온 사람들이 있 습니다.

"대제사장들과 장로들이 무리를 권하여 바라바를 달라 하게 하고 예수를 죽이자 하게 하였더니" - 마태복음 27:20

예수님을 십자가에 못 박자고 소리친 이 '무리'는 예수님이 나귀를 타고 예루살렘에 입성하실 때 "호산나", "다윗의 자손이여!"라고 외치며 환영했던 바로 그 '무리'입니다.

교회에도 이런 사람들이 있습니다. 자기 기분 좋고, 입맛에 맞을 때는 교회 칭찬도 하고, 목사님 칭찬도 하다가, 맘에 안 들고 누가 불씨를 조금만 주면 금방 타올라서 소위 안티 기독교인 사람들보다 더 교회 욕을 하는 사람들 말입니다. 그러나 모든 성도들이 같은 말을 하더라도 말씀에 비추어, 경험에 비추어 아닌 것은 분명히 아니라고 말을 할 때 혼탁한 세상 속에서도 참된 복음을 지키며, 진짜 신앙생활을 해나갈 수 있게 됩니다.

3. 억지로라도 사명을 감당한 사람

32절을 보면 이 심각한 상황에 참으로 웃을 수 없는 일이 벌어집니다.

구레네 시몬이라는 사람이 지친 예수님을 대신해 억지로 십자가를 지는데, 가뜩이나 무겁고 힘든 십자가를 '억지로' 맸으니 여간 고역이 아니었을 것입니다. 그런데 이 사람의 이름은 지금의 리비아 지역에서 쓰던 흔한 이름이었습니다. 한마디로 아프리카

지역에서 살던 사람이 어찌어찌해서 예루살렘에 왔고, 그러다가 길가에서 우연히 십자가를 끌고 가는 한 죄수가 있길래 구경을 잠깐 했는데, 졸지에 그 죄수 대신 십자가를 메고 '억지로' 언덕을 오르게 된 것입니다.

그런데 성경을 보면 이 억지로 십자가를 졌던 구레네 시몬은 이후 예수님을 만나고 그 집안까지 모두 예수님을 영접한 것으로 보입니다. 마가복음에는 이 구레네 시몬을 '알렉산더와 루포의 아버지'라고 출신을 밝히는데, 그로부터 30년이 지나 쓰인 로마서에서 바울이 "루포와 그 어머니에게 문안하라 그 어머니는 곧 내 어머니라"(롬 16:13)고 그 이름이 다시 한 번 언급되기 때문입니다.

때로는 교회에서 버티는 일이 고되고 고되다 할지라도 끝까지 감당하길 바랍니다. 정말로 예수님의 십자가를 억지로 졌던 구레네 시몬의 집안이 구원을 받고 그 아내가 바울이 언급할 정도로 영적인 거목으로 자라난 것처럼, 하나님이 맡겨주신 자리에 '억지로라도' 사명을 감당하며 버티다보면 결국 헌신의 분량만큼 하나님이 키우시고 사용하실 것입니다.

4. 끝까지 남은 사람

어쩌면 어떤 분은 이렇게 생각하실지도 모르겠습니다.
'야, 이거 어떻게 예수님 주변에는 제대로 된 사람이 그렇게도

없냐?'

그러나 쓰레기 더미에서도 꽃은 피는 법입니다. 비록 예수님의 제자들이 대부분 도망을 갔고, 아무것도 모르는 무리들은 예수님을 찬양하다 이내 십자가에 못 박으라고 소리를 쳤지만 예수님의 열두 제자에 속하지 못했음에도, 성경에 자세히 드러난 활약이 없음에도 끝까지 의심하지 않고, 예수님을 믿고 마지막까지 십자가를 떠나지 않았던 많은 진짜 그리스도인들도 역시 있었습니다.

"예수를 섬기며 갈릴리에서부터 따라온 많은 여자가 거기 있어 멀리서 바라보고 있으니 그중에는 막달라 마리아와 또 야고보와 요셉의 어머니 마리아와 또 세베대의 아들들의 어머니도 있더라" - 마태복음 27:55-56

"저물었을 때에 아리마대의 부자 요셉이라 하는 사람이 왔으니 그도 예수의 제자라 빌라도에게 가서 예수의 시체를 달라 하니 이에 빌라도가 내주라 명령하거늘" - 마태복음 27:57-58

예수님이 가장 힘들 때 끝까지 곁을 떠나지 않았던 사람은 바로 누구보다 연약한 여인들이었습니다. 그리고 제자들은 목숨을 잃을까 두려워 십자가를 지신 예수님을 버리고 도망갔을 때에도 당당히 예수님의 시체를 받아 장사를 지낸 사람은 그저 예수님의 제자 중 한 명이라고만 언급된 아리마대 요셉이었습니다.

저는 우리가 쓰레기더미에서도 아름답게 피어나는 한 송이 꽃처럼, 이런 그리스도인으로 각자의 교회에서 피어나길 바랍니다.

때때로 교회 안에서도 사기꾼이나, 그냥 쓸려 다니는 무리, 무늬만 크리스천인 사람들을 보면 "교회가 뭐 이래!" 이런 생각이 들 수도 있습니다. 그러나 예수님이 십자가 고난을 당하셨을 때 그 예수님을 직접 목도하고 가르침을 받은 제자들과 군중들 사이에서도 마찬가지의 일이 일어났습니다.

쓰레기 더미에서도 꽃은 핍니다. 정말 좋은 그리스도인은 그가 있는 자리가 어디든지 예수님의 향기를 진하게 풍기며 역할을 감당하는 사람입니다. 도저히 예수님을 믿는 사람이라고 믿겨지지 않는 사람은 지금도 있습니다. 성도 가운데 있고, 성가대 가운데에도 있고, 우리 구역에도 있고, 장로님 중에도, 목사님 중에도 물론 있습니다.

그러나 중요한 것은 내 주변이 아니라 바로 나입니다.

교회에서, 주님 앞에서, 어떤 그리스도인으로 서 계십니까? 드러나지 않은 여인들처럼, 단 한 번 성경에 등장하지만 유일하게 예수님의 시체를 찾아 장사지냈던 요셉처럼 크고 화려하지 않아도 괜찮습니다. 그저 맡은 자리에서 내가 할 수 있는 것을 하나하나, 형편이 되는대로 해나가는 것이 참된 신앙에 유일하게 필요한 조건입니다. 구레네 시몬처럼 때로는 억지로 버티는 신앙일지라도, 무리들처럼 잠시 잘못된 방향으로 쓸려갔다 돌아왔을지라도 다시 정신 차리고 "하나님 도와주세요" 기도하며 더 좋은 모습으로 한 걸음씩 믿음의 걸음을 옮기게 되길 간절히 바랍니다.

10

신앙생활에서
주의해야 할 3가지

무턱대고 열심히만 한다고 잘 할 수 있는 게 신앙생활은 아닙니다. 공부에도 기초가 있고 운동에도 기초가 있듯이 우리 신앙생활에도 필요한 기초는 있습니다. 저는 이 기초를 주님이 말씀하신 신앙생활 중 주의해야 할 3가지에서 찾습니다. 이 세 가지 중 한 가지라도 잘못된다면 제대로 된 신앙생활은 할 수가 없습니다. 주님이 분명히 말씀하셨고, 그래서 우리가 반드시 알아야 할 신앙생활에서 주의해야 할 3가지는 무엇입니까?

세상의 모든 것에는 기초가 있습니다.

운동에도 기초가 있고, 공부에도 기초가 있고, 하다못해 길거에서 파는 붕어빵을 만드는 데에도 기초가 있습니다. 아무리 재능이 출중하고 열심히 노력해도 이 기초를 제대로 다지지 못한 사람은 어떤 분야에 있든지 지속적인 성장을 하지 못합니다.

마가를 아시지요? 마가는 어떤 사람입니까?

마태, 마가, 누가, 요한복음 중에서 제일 먼저 기록된 마가복음의 저자입니다.

예수님이 승천하신 후 120명이나 되는 성도들이 모여 기도하던 다락방이 그의 다락방이었을만큼 꽤나 부유했던 인물입니다. 게다가 120명이라는 많은 성도가 그의 다락방에서 기도하던 이때에 성령 강림을 체험하는 영광스런 경험도 한 자입니다.

이런 마가가 초대교회 때 바울과 함께 1차 전도여행을 떠나게 됩니다.

하지만 도중에 엘루아는 박수를 만나는 등 여러 가지 어려움을 겪게 되면서 이를 견뎌내지 못하고 밤빌리아에서 전도여행을 포기한 채 돌아가고 맙니다. 자신의 다락방에서 성령 강림을 직접 경험한 인물임에도 불구하고 말입니다.

저도 소아시아를 돌 때 터키 쪽을 가본 적이 있는데 낮에는 무지 덥고, 저녁에는 무지 추운 게 기온차가 엄청나더군요. 어찌보면 부유한 집에서 온실 속 화초 같은 생활을 했을 마가에게는 이런 환경도 견디기 힘든 어려움이지 않았을까 짐작해 봅니다.

하지만 2차 전도여행 때 마가의 삼촌인 바나바는 다시금 바울에게 마가도 데리고 가자고 청합니다. 하지만 바울은 1차 전도여행 이야기를 꺼내며 마가와의 동행을 거부하지요. 결국 바나바와 바울은 갈라져서 각자 전도 여행을 떠나게 됩니다. 바나바는 마가를 데리고 구브로 쪽으로, 바울은 실라를 데리고 길리기아 쪽으로 갑니다.

디모데후서의 기록을 보면 전도여행에서 돌아온 바울이 마가를 데려오라 하고, 10여 년 후 로마에서 동역하며 마가가 하나님의 일에 유익한 사람이 되었다고 평가할 정도로 회복되지만, 마가는 하나님을 섬기고 주님의 제자가 된다고 하면서도 실수하고 실패해 본, 넘어져 본 인물입니다. 그리고 다시 일어서서 돌아와 본 인물이기도 합니다.

그래서 그는 알았습니다. 신앙생활은 결코 그냥 "믿습니다!" 해서 되는 것이 아니라는 것을요. 그런 자가 쓴 성경이 바로 마가복음입니다.

우리는 이 마가복음에서 주님이 말씀하신 신앙생활에서 주의해야 할 3가지를 찾을 수 있습니다. 그렇다면 그 신앙생활에서 주의해야 할 3가지는 무엇일까요?

성경이 말하는 진짜 신앙의 기초

1. 결혼과 정욕

우선 마가복음 10장 1~2절을 보면 바리새인들이 이혼에 대해 묻고 있습니다.

"예수께서 거기서 떠나 유대 지경과 요단 강 건너편으로 가시니 무리가 다시 모여들

거늘 예수께서 다시 전례대로 가르치시더니 바리새인들이 예수께 나아와 그를 시험하여 묻되 사람이 아내를 버리는 것이 옳으니이 까”- 마가복음 10:1-2

우리는 이에 대한 예수님의 대답을 통해 우리가 신앙생활에서 주의해야 할 첫 번째 기초가 결혼생활, 즉 가정생활임을 알 수 있습니다.

“대답하여 이르시되 모세가 어떻게 너희에게 명하였느냐”-마가복음 10:3

“이르되 모세는 이혼 증서를 써주어 버리기를 허락하였나이다” - 마가복음 10:4

“예수께서 그들에게 이르시되 너희 마음이 완악함으로 말미암아 이 명령을 기록하였거니와”- 마가복음 10:5

“창조 때로부터 사람을 남자와 여자로 지으셨으니”- 마가복음 10:6

“이러므로 사람이 그 부모를 떠나서”- 마가복음 10:7

“그 둘이 한 몸이 될지니라 이러한즉 이제 둘이 아니요 한 몸이니” - 마가복음 10:8

“그러므로 하나님이 짝지어 주신 것을 사람이 나누지 못할지니라 하시더라”- 마가복음 10:9

“집에서 제자들이 다시 이 일을 물으니”-마가복음 10:10

“이르시되 누구든지 그 아내를 버리고 다른 데에 장가 드는 자는 본처에게 간음을 행함이요”- 마가복음 10:11

“또 아내가 남편을 버리고 다른 데로 시집 가면 간음을 행함이니
라” – 마가복음 10:12

세상이 바뀌었다고 말합니다. 혼인관계를 유지하고 있는 상태
인데도 소위 ‘세컨드’라는 이름 아래 다른 남녀를 만나고 다니는
이들이 많다는 건 이제 공공연히 알려진 세상입니다. 이혼쯤은
아무 문제가 되지 않는다고 말하는 시대입니다. 그런데 정말 그
렇습니까? 주님은 그렇게 말하고 계시지 않습니다.

저는 매주 월요일마다 극동방송에서 설교를 합니다.
그런데 설교는 사실 생방송으로 나가는 것이 아니라 녹음된
파일로 전달됩니다. 저는 그 녹음을 보통 방송국에서 하지 않고
김성용이라고 우리 교회 간사가 운영하는 음악 스튜디오에서 합
니다. 하루는 녹음을 하러 스튜디오에 방문했다가 김 간사와 함
께 식사를 하게 됐는데, 나오는 길에 한 직원을 가리키며 김 간
사가 말했습니다.
“목사님, 저 친구가요. 참 똑똑합니다!”
김 간사가 지금은 마흔 가까운 나이가 됐지만 중고등부 시절
부터 우리 교회와 함께했던 친구인지라 제가 이 친구의 성장과
정을 거의 지켜봤다고 해도 과언은 아닙니다. 어릴 때부터 음악
을 좋아하고 소질도 보였지만 공부도 제법 했던 친구인데다 교
대출신이라 제가 교사 자격증이나 따놓고 하고 싶은 일을 하라
고 했었는데 결국은 음악의 길로 접어들더군요. 그리고 어느 건

물 지하의 작은 스튜디오에서 시작해 지금은 제법 규모도 키우고 직원도 꽤나 거느리는 어엿한 CEO가 되어 있습니다. 그런 친구가 누군가를 두고 똑똑하다는 평가를 하기에 "똑똑한 걸 어떻게 알아?"라고 식사를 하면서 자세히 물었습니다.

그랬더니 이 친구 한다는 말이 "자기 자리를 알아요!"라고 대답하더군요.

자기가 지금 있는 자리가 어딘지 그 자리에서 자기가 해야 하는 일이 무엇인지 정확히 안다는 겁니다. 그걸 아는 사람이 요즘 많지 않다면서요.

결혼생활, 가정생활도 마찬가지 아닐까요?

남편으로서의 자리, 아내로서의 자리, 아빠와 엄마로서의 자리를 잘 아는 거, 그래서 그 자리에서 감당해야 할 역할을 잘 감당하는 것, 그것이 결혼생활, 가정생활 속에서 내가 해야 할 몫입니다.

목회를 오래 하다 보니 이런 저런 모양의 가정을 많이 들여다보게 됩니다.

부부가 모두 건강하게 관계를 잘 유지하고 있다면 가장 좋겠지만 간혹은 안탑깝게도 이혼이나 사별을 한 가정도 보게 됩니다. 그럴 때도 마찬가지입니다.

사별한 가정을 예를 들면, 그럼에도 불구하고 아빠나 엄마가 그 가정 내에서 본인의 역할을 잘 감당하면 그 가정은 무너지지 않습니다. 아이들도 잘 성장하여 자신들의 자리를 찾아갑니다.

하지만 자신의 처한 상황을 부정하고 감당하지 못한 반대의 경우는 본인은 물론이고 아이들까지 엉망이 되는 경우를 종종 봅니다.

이렇게 내 가정생활이 바로 서 있지 못하는데, 신앙생활은 바로 설 수 있겠습니까?

남편과 아내, 아빠와 엄마 역할을 제대로 감당해 내지 못하는데 집사와 권사, 장로의 역할을 잘 감당할 수 있겠습니까?

디모데후서에 보면 교회에서 리더를 세울 때 기준 중에 하나도 '가정을 잘 다스리는 사람'이었습니다. 내 결혼생활, 가정생활에 문제가 생기면 신앙생활도 정상적일 수 없습니다. 바로 선 신앙생활을 위해선 내 결혼생활, 가정생활부터 주의해야 합니다.

2. 생각과 교만

두 번째는 생각입니다.

우리들의 생각은 10살 때보다는 20살 때 더 많아집니다. 나이가 들어갈수록 생각이 많아지기만 한게 아니라 노련하고 교활해지기도 합니다.

"사람들이 예수께서 만져 주심을 바라고 어린아이들을 데리고 오매 제자들이 꾸짖거늘 예수께서 보시고 노하시어 이르시되 어린아이들이 내게 오는 것을 용납하고 금하지 말라 하나님의 나라가 이런 자의 것이니라 내가 진실로 너희에게 이르노니 누구든지 하나님의 나라를 어린아이와 같이 받들지 않는 자는 결단코 그곳에 들어가지 못하리라 하시고" – 마가복음 10:13-15

세상에 생각이 없는 사람은 없습니다. 우리 모두는 생각을 합니다. 그래서 세기의 천재 데카르트는 사람이 존재하는 이유를 다른 보이는 물질적인 것이 아니라 '생각한다'는 형이상학적인 행동에서 찾았습니다. 그런데 중요한 것은 어떤 생각을 어떻게 하느냐는 것입니다.

보통 우리의 생각은 10살 때보다 15살 때 더 많아지고, 15살 때보다는 20살 때 더 많아집니다. 그리고 더 교활해집니다. 세상적으로 보면 더 오랜 세월을 살아갈수록 처세도 늘고, 노련해진다고 볼 수 있지만, 성경적으로 볼 때는 사실 옳지 않은 변화도 많이 일어납니다. 소위 말하는 세상의 때가 묻는 것입니다.

세상은 점점 악해져가고 다양한 매체를 통해서 신앙을 지키기 힘들 정도의 많은 정보들이 쏟아져서 우리의 생각을 혼탁하게 합니다. 그런데 지금 말씀은 우리가 어린아이처럼 되지 않으면, 다시 말하면 어린아이의 마음처럼, 생각처럼 단순하게 예수님을 바라고, 말씀을 그래도 흡수하고 순종하지 않으면 '결단코' 천국에 들어갈 수 없다고 말씀하고 있습니다.

'인터넷, 신문, 방송…' 이런 것들을 걸러내고 나의 마음을 지켜낼 수 없으면, 비록 지금 교회를 다니고 구원의 확신이 있다고 한들 그 사람은 세속화된 그리스도인이 됩니다. 그런데 사람은

50살에서 60살 먹는다고 어느 순간 세상에서 들어오는 생각들이 멈추는 것이 아니기 때문에, 제가 보기엔 한 살이라도 어렸을 때에 예수님을 믿어야 하고, 또 예수님을 믿게 해야 합니다. 그러나 신앙의 비결을 깨달은 사람은 30대에도, 40대에도, 60대에도 어린아이와 같은 생각으로 예수님을 믿고 따릅니다. 다시 말하면 순수하게 말씀을 믿고 예수님을 따르는 어린아이의 생각을 지키는 사람이 신앙의 기본을 잘 쌓는 사람이라는 뜻입니다. 그래서 잠언에도 이런 말씀이 나옵니다.

> "모든 지킬 만한 것 중에 더욱 네 마음을 지켜라, 생명의 근원이 이에서 남이니라" - 잠언 4:23

세상은 굳건한 땅입니다. 이 땅에는 안에 뭐가 들어가든지 죄다 묻힙니다. 사람이 오래 살면 뭐든지 다 자기화시켜서 세상의 땅 안에 자기가 소중히 여기는 것들을 하나둘씩 묻기 시작하지만 결국 무엇을 묻든지 세상에서 벗어날 수가 없습니다.

그런데 이 단단한 땅을 뚫고 올라오는 것이 딱 하나 있는데 바로 씨앗입니다. 이 씨앗만큼은 땅도 뚫고 나오고 심지어 단단한 콘크리트도 틈을 만들어 위로 싹을 틔우는 강인한 생명력을 품고 있습니다. 이 씨앗이 바로 믿음이며, 말씀의 결실이고, 그래서 믿음으로 사는 사람만이 세상에 묻히지 않고 승리할 수 있습니다.

제가 말씀 드리는 것은 세상의 모든 지식이 다 나쁘고 무조건 성경만 배워야 된다는 말씀을 드리는 것이 아닙니다. 세상의 지식은 필요합니다. 방송도 봐야 하고 신문을 통해 세상을 돌아가는 것도 알아야 합니다. 경제도 공부해야 하고요. 그런데 그런 정보의 홍수 속에서 처세의 삶으로 살아가다 보면 결국 사람이 세속화되고, 교활해지고, 죽을 때 땅 속에 썩어질 것들만 묻어놓고 떠나는 삶을 살게 됩니다.

이 모든 것들을 성경 말씀을 통해 분간하고 은혜를 계속해서 간구하지 않으면 땅을 뚫고 나오는 강력한 신앙의 능력도 체험하지 못하고 별 볼일 없는 그리스도인으로 살다 가게 됩니다. 그래서 바라건대 부디 생각을 잘 관리하는 그리스도인이 되십시오. 어린아이 같은 마음으로 "주님이 감동을 주시면 저는 움직입니다"라는 자세의 신앙인이 되시길 바랍니다.

이단이나 사이비들은 교회를 파괴시키기 위해 여러 가지 이상한 짓들을 모략이라는 이름으로 위장해서 행동합니다. 저와 가까이 지내는 큰 교회 목사님 한 분은 성도에게 37가지 고소를 당했어요. 그중 하나는 어떤 집사님이 자기한테 100만 원을 주면서 "목사님 이걸로 책 사보시고 필요한 데 쓰세요"라고 해서 받아 썼대요. 그런데 그 집사님이 재정부에 가서는 "제가 목사님한테 십일조 100만 원 드렸는데 그게 입금이 됐어요?" 하고 물었답니다. 물론 재정부에서 보면 입금이 안 됐지요. 그러면서 성도들에게 "내가 목사님한테 십일조 100만 원 드렸는데 목사님이 그걸 마음대로 쓰셨네"라고 한데요. 그러면 성도들이 반으로 쫘악 갈라져요. 반은 "우리 목사님이 그 돈 100만 원에 그렇게 하

실 분이냐?”와 반쪽은 “아이구~~ 목사님이 횡령했어, 횡령했어
~”라고 한답니다.

그게 공금횡령이라네요. 아~~ 무섭습니다!

그리고 감사해요, 나한테 100만 원 주는 사람이 없어서요. 어
떤 성도는 “그걸 왜 헌금시간에 드리지 목사님한테 드리고 뒤에
서 그딴 말을 해”라고 하더군요.

이게 영수증이 있어요, 뭐가 있어요. 목사하고 성도하고 단 둘
밖에 모르는 거에요. 나중에 무혐의 처리가 되어도 “목사님이 무
혐의다”가 남는 게 아니고 “아니 땐 굴뚝에 연기 나냐”며 목사님
이 100만 원 횡령했다” 가 그대로 남는다네요.

아~ 목회 힘들어요, 목회!

저도 지금까지 이렇게 힘든데, 우리 후배들은 얼마나 힘들
까요?

우리는 예수 믿고 단순해지는 법을 배워야지요.

어떻게요? 자기 자리를 알아야지요. 그리고 생각이 단순해야
지요. 그렇게 교활한 데 자꾸 자기를 내어놓지 마세요. 그러면,
사람이 붙지 않아요. 그래서 하나님과 사람은 머리를 쓰는 게
아니고 마음을 써야 합니다. 마음을!

하나님과 사람을 섬길 때 머리를 쓰는 것만큼 바보가 없어요.
기도할 때도 자기 마음에 있는 것들을 기도하세요, 그래서 기도
를 하다가 막 감동이 되면 그게 하나님 앞에 열납됩니다. 기도

에 마음이 담기면 그게 바로, 내 기도가 지금 하나님께 상달되고 있는 겁니다. 생각이 단순해질 수 있도록 기도하기 바랍니다.

사람을 상대할 때 머리를 써서 대하면 상대방은 더 머리를 씁니다. 사기당하는 사람들의 특징이 사기당할까 봐 조심한다는 말이 그래서 나온 것입니다. 사람을 상대할 때도 이럴진대 하물며 하나님 앞에서는 어떻겠습니까? 하나님을 나의 머리로 속이고 잇속을 챙길 수 있는 분으로 생각하십니까? 그럴 수 있는 사람은 단 한 명도 없습니다. 그래서 하나님을 섬길 때도, 기도를 할 때도 순수하게 내 마음에 있는 것을 그대로 드려야 합니다. 기도할 때도 마찬가지입니다. 어디서 들은 미사여구를 바탕으로 남에게 듣기 좋은 기도를 하지 말고 조금 투박하더라도 진심을 드리는 기도를 드려야 합니다.

3. 재물

"예수께서 길에 나가실새 한 사람이 달려와서 꿇어 앉아 묻자오되 선한 선생님이여 내가 무엇을 하여야 영생을 얻으리이까 예수께서 이르시되 네가 어찌하여 나를 선하다 일컫느냐 하나님 한 분 외에는 선한 이가 없느니라 네가 계명을 아나니 살인하지 말라, 간음하지 말라, 도둑질하지 말라, 거짓 증언하지 말라, 속여 빼앗지 말라, 네 부모를 공경하라 하였느니라 그가 여짜오되 선생님이여 이것은 내가 어려서부터 다 지켰나이다 예수께서 그를 보시고 사랑하사 이르시되 네게 아직도 한 가지 부족한 것이 있으니 가서 네게 있는 것을 다 팔아 가난한 자들에게 주라 그리하면 하늘에서 보화가 네게 있으리라 그리고 와서 나를 따르라 하시니 그 사람은 재물이 많은 고로 이 말씀으로 인하여 슬픈 기색을 띠고 근심하며 가니라"
- 마가복음 10:17-22

10장에서 처음에 예수님을 시험하러 온 바리새인들은 겉으로는 번지르르하지만 빛 좋은 개살구의 신앙을 가진 사람들이었습니다. 그리고 다음으로 제자들은 예수님을 따르지만 정말 중요한 것을 모르고 아이들을 막다가 예수님께 꾸중을 들었습니다. 그런데 마지막에 나온 청년은 앞에 나온 이들과는 분명 다른 사람들이었습니다. 이 청년은 겉으로만 예수님을 믿는 것이 아니라 온 마음과 정성을 다해 섬기고 있으며 말씀대로 살려고 노력하는 사람이었습니다. 그래서 예수님은 이 청년을 사랑하는 마음으로 마지막 신앙의 비결을 가르쳐주셨습니다. 그것은 바로 '재물'의 헌신이었습니다.

어떤 사람들은 재물을 팔아 나눠주라는 예수님의 말씀을 듣고 근심하는 청년의 모습을 보고 예수님보다 재물을 더 사랑한 믿음이 약한 사람이라고 생각하기도 하지만, 만약 정말로 그 정도의 믿음이라면 예수님이 이 청년을 사랑스럽게 보시지는 않았을 것입니다. 그리고 조금 더 솔직히 말하면 과연 전 재산을 팔아 예수님의 말씀대로 남을 도울 수 있는 사람이 몇 명이나 될까요? 바꿔 말하면 많은 사람들이, 성도라 하더라도, 저 같은 목사라 하더라도 결국 하나님보다 재물을 더 섬기는 것이 우리의 본모습이라고도 할 수 있습니다. 결국 돈에 메이면 하나님을 제대로 섬길 수가 없습니다.

우리가 아무리 열심히 기도하고, 매일 말씀보고, 서로 사랑하며 산다 해도 "예수님, 저 이렇게 이렇게 성도답게 살았어요"라고 고백할 때 "그래? 그럼 지금 네 재산 다 팔아서 나를 따리리" 라고 말씀하시면 우리는 쉽게 결정하지 못하고 고민하게 됩니다. 내가 재물을 예수님보다 귀하게 여기고 있다는 이 사실을 먼저 인정할 때 부족하지만 조금씩이라도 더 예수님을 향해 가는 결단을 할 수 있습니다.

그래서 특히 중요한 것이 바로 헌금 훈련입니다.

요즘은 십일조를 가지고도 말이 많은데, 툭 까놓고 얘기해서 예수님은 10분의 1도 아니고 전부를 팔아서 나눠주고 따르라고 말씀하셨습니다. 그런데 말로는 '예수님이 다 주셨네' 어쩌네 고백을 하면서도 수입의 10%도 아까워서 제대로 못 드리고 안 드릴 핑계를 찾는다면 이것이 제대로 된 신앙생활이라고 할 수 있겠습니까? 비록 저부터도 모든 것을 팔아 바로 주님을 따를 수 있을 자신이 없을지라도, 그래도 '주님께서 제 믿음이 허락하는 만큼 주님을 위해 떼어 드리며 헌신해 나가겠습니다' 라는 믿음의 고백이 헌금생활을 통해 이루어져야 합니다.

정리하면 신앙생활에서는 특히나 3가지를 주의해야 합니다.

'결혼생활(정욕), 생각(교만), 물질(돈)'

이 3가지는 곧 신앙의 기초이자 신앙의 비결입니다.

물론 마가복음 10장이 예수님의 말씀과 행적을 담은 것이지만, 저는 꼭 이 10장이 마가가 자신의 실패를 바탕으로 우리에게 신앙의 비결을 알려주는 매뉴얼같이 느껴집니다. 아마 마가는 이 장을 통해서 이런 말을 하고 싶었을 것 같습니다.

"신앙생활에서 실패를 안 하려면 말이야, 먼저 자기 자리를 알아야 해. 그 다음엔 자리에 맞는 행동과 몫을 따져야지. 자기 자리에서 자기가 감당해야 할 몫을 감당하는 사람이 귀해지는 거야. 예수님은 그 자리를 바리새인들의 간악한 질문으로 가르치셨어. 그리고 생각을 지켜야 해. 내가 이제 보니까 예수님이 어린아이처럼 되라고 말씀하신 것이 단순하고 순수한 생각을 강조하시려고 했던 말씀이더라고. 그리고 진짜 멋진 청년이 찾아왔는데 예수님이 보시기에도 사랑스러울 정도로 우리 제자보다 더 뛰어났어. 근데 그런 사람도 결국 돈 얘기 앞에서는 무너지더라고. 신앙에서 진짜 필요한 게 뭔지 알아? 바로 자리, 생각, 돈이야. 이걸 못 지키면 나처럼 실패할 걸?"

유복한 환경에서 자라 예수님을 믿고 변화된 마가는 신앙의 실패를 경험합니다.

1차 전도여행 때 중도 하차를 해 고향으로 돌아갔고, 이 일이 발단이 되어 바울과 바나바까지 갈라서게 됩니다. 그러나 마가는 이 실패를 극복하고 다시 일어섰습니다. 그리고 이제 "너희들의 가정생활, 너희들의 생각, 너희들의 물질 훈련 이거 잘못되면 신앙생활이 잘 안돼!"라는 걸 말하고 있습니다.

실제로 그렇습니다. 결혼생활, 자리를 모르는 사람, 생각이 복잡하고 교활한 사람, 하나님께 물질을 아끼는 사람은 신앙생활이 잘 안 되고 있는 겁니다. 가끔 보면 옆에 예수 믿는다, 교회 다닌다 그러는데도 전혀 인정하고 싶지 않은 사람들이 있습니다, 그런 사람들이 무슨 환상도 보고 체험도 하고 성경지식을 많이 안다고 자랑을 하는데, 그게 맞는 말이라 하더라도 마음에서는 전혀 동의가 안 될 때가 있습니다.

"저 사람도 교회 다녀? 근데 뭐 저래? 뭐 저 따위야?"라는 생각이 드는 사람이 있다면, 그는 이 3가지 중에 최소 1가지는 반드시 문제가 있는 사람입니다. 그러면 결국 언젠가는 하나님 앞에서 무너질 수밖에 없습니다.

부디 우리들은 예수님이 맡겨주신 나의 자리를 알고, 그 자리에서 감당해야 할 일을 알고, 예수님을 처음 믿었을 때의 순수한 생각을 지켜, 물질도 기꺼이 하나님이 감동 주시는 대로 헌신하며 견고한 신앙의 기초를 쌓는 견고한 그리스도인이 되길 기원합니다. 그리고 그런 그리스도인이 되어 멋진 믿음의 가문을 세워 갈 수 있게 되길 기도합니다.

11

이단과 사이비,
올바른 대처법

이단과 사이비는 조금 다릅니다. 이단은 말 그대로 우리가 믿는 예수 그리스도의 신앙과 전혀 다른 모습이지만, 사이비는 우리가 믿는 신앙과 별반 다를 바가 없습니다. 하지만 분명히 정상적인 신앙생활의 모습은 아닙니다. 종말론을 강조하기도 하고, 정상적인 사회생활을 하는 데 분명히 우리가 동의하지 못하는 어떤 모습을 갖고 있기도 하고, 자기들만이 제대로 믿는 신앙생활을 한다고 주장하기도 합니다. 우리는 이단과, 사이비, 그리고 우리의 연약함과 싸우면서도 믿음의 길을 제대로 걸어야 할 존재들입니다.

어느 날 한 친구 목사님으로부터 이런 전화가 왔습니다.

"이 목사, 이번에 집 이사한다 그랬지? 부탁이 있는데 우리 집에 있는 침대 좀 가져가주면 안 될까?"

산 지 얼마 되지 않은 아주 고급 침대였는데, '집에서 쓰던 침대를 왜 날 주나' 했더니 교회 내에 문제가 있다고 속내를 털어놓기 시작했습니다.

내용인즉, 한 집사님이 목사님 잠자리 편하게 주무시고 좋은 말씀 전해달라고 고가의 침대를 선물했는데, 몇 주 지나더니 교회 내의 성도들에게 "목사님이 나한테 그 비싼 침대를 사달라고 하시지 뭐야? 하도 강요하셔서 어쩔 수 없이 사드렸어"라고 헛소문을 내기 시작했다는 겁니다. 그래서 성도들이 "아무리 그래도 그렇지 우리 목사님이 그런 분이 아닐 걸?" 하면서 막아주면 좋을 텐데 대부분의 성도들은 "진짜야? 목사님이 정말 그러셨대?" 하면서 소문을 더 내기 시작했습니다.

이 소리가 목사님 귀에까지 들려서 선물 받은 걸 버리지도 못하고 어쩌지도 못하다가 제가 이사한단 소리를 듣고 연락을 한 겁니다. 그렇게 이상한 침대 문제는 해결되고 시간이 좀 지난 뒤에 그 집사님이 신천지에서 침투한 추수꾼이었다는 사실을 알게 됐습니다. 다행히 이 교회는 그래도 건강한 교회라 그 정도 선에서 큰 분란 없이 수습을 했지만, 여기저기서 여러 이단들의 방해공작으로 몸살을 앓는 교회의 소식들이 점점 자주 들려오고 있습니다.

그런데 이런 이단의 문제는 초대교회 시절부터 많은 성도들을 괴롭게 하는 아주 중요한 문제였기에 디도서에는 아예 이단을 대하는 지침이 나와 있을 정도였습니다.

"이 말이 미쁘도다 원하건대 너는 이 여러 것에 대하여 굳세게 말하라 이는 하나님을 믿는 자들로 하여금 조심하여 선한 일을 힘쓰게 하려 함이라 이것은 아름다우며 사람들에게 유익하니라 그러나 어리석은 변론과 족보 이야기와 분쟁과 율법에 대한 다툼은 피하라 이것은 무익한 것이요 헛된 것이니라 이단에 속한 사람을 한

두 번 훈계한 후에 멀리하라 이러한 사람은 네가 아는 바와 같이 부패하여 스스로 정죄한 자로서 죄를 짓느니라" - 디도서 3:8-11

조금 더 이해하기 쉽게 풀어 쓴 유진 피터슨의 메시지 성경에는 이 말씀이 이렇게 기록되어 있습니다.

"나는 그대가 단호하게 행동하기를 바랍니다. 이런 문제들을 분명하게 처리하여 하나님을 믿는 사람들이 누구에게나 유익한 본질적인 일에 전념하게 하십시오. 족보와 율법의 세부조항을 따지는 어리석고 부적절한 말다툼을 피하십시오. 그런 일은 아무 유익이 없습니다. 다툼을 일삼는 사람이 있거든 한두 번 타이른 뒤에 손을 떼십시오. 그런 사람은 제멋대로 굴다가 하나님께 반역할 것이 분명합니다. 그런 사람은 계속해서 불화를 일으키다가 스스로 고립될 뿐입니다."

저희 교회에도 다른 방식으로 신천지가 쳐들어온 적이 있었습니다. 성가대에서 봉사까지 하면서 아주 열심인 성도였는데 성도들과 관계가 좀 깊어지고 나니까, 주일날 예배가 끝난 후 월요일부터 자기가 평소에 생각하고 있던 교회 내 성도들에게 전화하기 시작하면서 접근을 했습니다.

"주일날 우리 목사님이 왜 그렇게 성도들을 말씀으로 까지요?"

"주일날 우리 목사님이 왜 설교를 그렇게 하시지요?"

그래서 "왜요? 전 은혜 받았는데요" 이렇게 말하는 성도들한테는 다시 연락을 안 하고 조금 동조하거나 받아주는 성도에게는 계속해서 전화를 하고 세력을 만들려고 시도를 했습니다.

그러다 우리 성도들이 이래도 저래도 안 넘어오니까 시간이 점점 지나면서 무리수를 두게 됐고 결국 정체가 발각됐습니다. 그러더니 한 주 만에 미국으로 이민을 간다며 소문을 돌리더니 사라졌습니다.

이제는 이단을 넘어선 사이비들이 직접 교회에 들어와 간교한 꾀로 파렴치한 짓을 하는데, 그 사람들은 잘못된 교리로 세뇌가 돼서 기성 교회가 적그리스도의 교회라고 생각을 하기 때문에 이런 일이 잘못된 일은 물론, 부끄러운 일인지도 모르고 있습니다. 그래서 일반적인 생각으로는 받아들일 수 없는 몰상식한 일들까지도 아무렇지도 않게 할 수 있는 것입니다.

그래도 교회가 건강하면 이런 술수들이 모두 헛발질에 그치게 되지만 사실 대부분의 성도들이 이런 이단과 사이비에 대해서 잘 알지 못하고 대책없이 노출되어 있기 때문에 제대로 된 대처 방법도 모르는 경우가 많습니다. 그렇기에 '설마 우리 교회에도 오겠어?'라는 안이한 생각을 가지기보다는 이번 기회에 이단과 사이비에 대해서 확실히 알고 대처법을 배우는 자세가 필요합니다.

이단과 사이비의 역사

이단들을 연구하는 학자들에 따르면 국내에만 자칭 하나님이라고 주장하는 사람이 20명이 넘고, 자기를 재림 예수라고 말하는 사람들은 50명이 넘는다고 합니다. 그런데 우리가 보기에는 이런 사람들이 다 똑같은 사기꾼인 것 같아도 사실 이단과 사이비에는 분명한 차이점이 있고, 또한 성경에 기록되어 있는 역사도 있습니다.

1. 이단과 사이비의 차이점

먼저 이단은 한자로 다른 이(異)와 끝 단(端)이 합쳐진 단어로 '시작은 같지만 끝이 다른 것'을 말합니다. 즉, 나와 비슷하게 출발했지만 다른 교리를 통해서 나와 다른 것을 말합니다. 그래서 같은 성경을 배우고 같은 예수님을 믿더라도 교리에 따라 얼마든지 이단이 될 수 있기에 정통 교단이 이단 문제에 매우 민감하게 반응합니다. 얼핏 비슷해 보이기에 헷갈릴 수 있지만 복음의 중심을 제대로 아는 사람은 절대로 넘어가지 않습니다.

반면에 비슷한 단어인 이교도는 이단과는 또 다릅니다.

이교도는 시작도 다르고 끝도 다릅니다. 예를 들어 불교와 기독교는 애초에 믿는 것이 다르고 사후 세계나 삶의 방식과 자세도 추구하는 것이 다릅니다.

이단의 또 다른 특징 중 하나는 성경 외에 비슷한 위치를 갖고 있는 경전을 갖고 있다는 점입니다.

한국에는 대표적으로 '말일성도 예수 그리스도'로 알려진 몰몬교의 몰몬경이 있습니다. 이 몰몬경은 창시자 조셉 스미스가 구약의 선지자처럼 하나님의 계시를 받고 썼다고 알려진 책인데 몰몬교도들은 성경만큼 이 책의 내용을 중요하게 여깁니다. 그러나 이단은 엄밀히 말하면 타인에게 금전적으로 피해를 주거나 위해를 입히지는 않습니다. 믿는 교리가 다르기 때문에 비록 잘못된 사실이지만 믿는 사람들끼리 모여서 지지고 볶고는 하지만 법을 어기거나 속이면서까지 다른 사람들을 끌어들이지는 않습니다.

하지만 사이비 종교는 이단과는 엄연히 다릅니다. 이들은 종교를 빙자한 강도들이요, 범죄 집단입니다. 개인의 삶을 피폐하게 만들고 가정을 파괴시킵니다. 어떤 수단이나 방법을 가리지 않습니다. 그래서 이단이나 다른 종교와는 다르게 사이비는 발견 즉시 적극적으로 대처를 하지 않으면 큰 피해를 입게 됩니다.

그렇다고 "이단이 사이비보다는 그래도 좀 낫다"는 식으로 생각하는 것도 위험합니다. 이단이든 사이비든 결국 사람을 미혹하게 만들어 진리를 가리고 복음의 길로 가지 못하게 만들기 때문입니다.

2. 초대교회의 이단

시작은 같지만 끝이 다른 이단은 교회의 시작이라고 볼 수 있
는 초대교회 시절부터 있었습니다. 기독교 신앙은 초대교회 때부
터 박해와 도전, 비판이 끊이질 않았습니다. 일단은 유대교의 뿌
리가 4천 년을 지내오는 동안 견고하게 자리 잡고 있었기 때문
에, 예수님의 복음이 들어가기가 힘들었습니다. 그래서 예수님과
동고동락하며 진리를 배웠던 수제자 베드로조차도 이방인들과
식사하는 자리에서 유대교인들이 오자 외식했고, 함께했던 유대
인, 심지어 바나바조차도 외식을 했습니다.

> "게바가 안디옥에 이르렀을 때에 책망 받을 일이 있기로 내가 그를
> 대면하여 책망하였노라 야고보에게서 온 어떤 이들이 이르기 전에
> 게바가 이방인과 함께 먹다가 그들이 오매 그가 할례자들을 두려
> 워하여 떠나 물러가매 남은 유대인들도 그와 같이 외식하므로 바
> 나바도 그들의 외식에 유혹되었느니라 그러므로 나는 그들이 복음
> 의 진리를 따라 바르게 행하지 아니함을 보고 모든 자 앞에서 게
> 바에게 이르되 네가 유대인으로서 이방인을 따르고 유대인답게 살
> 지 아니하면서 어찌하여 억지로 이방인을 유대인답게 살게 하려느
> 냐 하였노라" - 갈라디아서 2:11-14

그리고 이와 더불어 성경 곳곳에는 다른 복음 때문에 혼란스
러운 흔적들이 나와 있습니다.

> "만일 누가 가서 우리가 전파하지 아니한 다른 예수를 전파하거나

혹은 너희가 받지 아니한 다른 영을 받게 하거나 혹은 너희가 받지
아니한 다른 복음을 받게 할 때에는 너희가 잘 용납하는구나"
- 고린도후서 11:4
"내가 마게도냐로 갈 때에 너를 권하여 에베소에 머물라 한 것은 어
떤 사람들을 명하여 다른 교훈을 가르치지 말며" - 디모데전서 1:3
"그리스도의 은혜로 너희를 부르신 이를 이같이 속히 떠나 다른 복
음을 따르는 것을 내가 이상하게 여기노라 다른 복음은 없나니 다
만 어떤 사람들이 너희를 교란하여 그리스도의 복음을 변하게 하
려 함이라 그러나 우리나 혹은 하늘로부터 온 천사라도 우리가 너
희에게 전한 복음 외에 다른 복음을 전하면 저주를 받을지어다"
- 갈라디아서 1:6-8

오죽하면 예수님조차도 "그때 사람들이 너희에게 말하되 그리스도
가 여기 있다. 보라 저기 있다 하여도 믿지 말라 거짓 그리스도들과 거
짓 선지자들이 일어나서 이적과 기사를 행하여 할 수 있으면 택하신 백
성을 미혹하러 하리라"(막 13:21,22)고 말씀하셨겠습니까?

이런 잘못된 길에 빠지지 않기 위해서는 오직 예수님만이 길
이요, 진리라는 복음의 중심이 정확히 세워져 있어야 합니다.

"예수께서 이르시되 내가 곧 길이요 진리요 생명이니 나로 말미암
지 않고는 아버지께로 올 자가 없느니라" - 요한복음 14:6

이 말씀을 영어성경으로 봅시다.

"Jesus answered him I am the way, the truth and the life no
one goes to the father except by me."

이 말씀에서 정관사가 붙은 'The way'는 예수님은 많은 길 중의 하나가 아니라 유일한 길이라는 의미입니다. 만약에 이 말씀을 하신 예수님을 믿는다면 예수님만이 유일한 길이라는 사실도 분명히 믿어야 한다는 뜻입니다.

이단과 사이비의 특징과 대처법

사도행전 4장 12절 "다른 이로써는 구원을 받을 수 없나니 천하 사람 중에 구원을 받을 만한 다른 이름을 우리에게 주신 일이 없음이라 하였더라"고 기록되어 있습니다. 이 말씀대로 십자가에서 우리 죄를 위해 돌아가신 후 부활하신 **예수 그리스도 외에 다른 이름으로 우리는 절대 구원받을 수 없습니다.**

이 말씀만 분명히 믿고 알아도 이단과 사이비에 빠질 일은 없습니다. 할 수만 있다면 하나님이 택하신 성도들까지 미혹하려고 애쓰는 간교한 사탄의 꾀 때문에 주님이 다시 오실 때까지 거짓 선지자들과 자칭 재림 예수들이 판을 칠 것이기에 말씀으로 늘 깨어 있어야 합니다. 여기서는 특히 이단과 사이비의 특징, 이단과 사이비에 빠지기 쉬운 사람의 유형, 그리고 대처법에 대해서 알아보도록 하겠습니다.

1. 이단과 사이비의 특징

그동안 한국교회에는 무수한 이단들이 등장했다 사라지고 또 새로운 이단들이 발현하기도 했습니다. 현재까지 있는 이단과 사이비들의 특징들입니다.

(1) 보편적인 현재 교회들을 부정하는 신앙을 갖고 있습니다.

물론 교회들 중에는 문제가 있는 교회도 있고, 충분히 부끄러울 만한 실수를 한 교회도 있습니다. 하지만 이러한 문제들은 우리의 연약함 때문에 생긴 것이기에, 주님 앞에 무릎 꿇고 회개할 문제이지 교회의 존재 자체를 부정할 문제는 절대 아님을 분명히 알아야 합니다.

(2) 성경 외에 또 다른 경전이 있습니다.

통일교의 원리강론, 여호와증인의 신세계, 몰몬교의 몰몬경과 같은 경전과 때로는 신천지의 비유풀이같이 저마다의 독특한 강론을 가지고 있습니다. 성경은 오로지 예수님에 대해서 전하고 있기 때문에 그들의 교주의 정통성과 신성을 입증할 새로운 경전이 필요하기 때문입니다.

실제로 위에 언급한 몰몬교를 믿는 사람들은 몰몬경을 '미국을 위해 주신 성경'이라고 생각합니다. 구약과 신약은 이스라엘을 위해서 주신 성경이고, 시대가 지나 다른 곳에 살고 있는 미국 사람들을 위한 경전이 필요하다는 주장입니다. 그러나 이들은 말로만 주장할 뿐이지 경전을 쓰고, 막강한 세력을 가진 그 어떤 교주도 예수님처럼 죽음에서 부활을 하거나, 하늘로 승천을 하거나, 기적을 보여주거나 한 사람은 단 한 명도 없기에 모두 거짓입니다.

(3) 자기들만 구원이 있다고 주장합니다.

이단과 사이비는 자기들만이 구원이 있다고 주장합니다. 자기들의 교주를 믿어야 하고 자기들이 있는 장소에만 가야 구원이라(있다)고 주장합니다. 이런 주장을 정당화하기 위해서 이들은 특히 요한계시록과 같은 말씀을 끌어다 아전인수격으로 끼워 맞추는데, 대부분 성경을 아주 조금만 깊이 알아도 터무니없는 주장이라는 사실을 깨닫게 됩니다.

성경이 말하는 모든 사람이 믿어야 할 복음은 로마서 1장 16절에 나오는 복음입니다.

> "이 복음은 모든 믿는 자에게 구원을 주시는 하나님의 능력이 됨이라" – 로마서 1:16

이 복음을 통해서만 모든 사람이 구원을 받을 수 있습니다.

> "하나님은 모든 사람이 구원을 받으며 진리를 아는 데에 이르기를 원하시느니라" – 디모데전서 2:4

(4) 하나님으로부터 새롭고 특별한 계시를 받았다고 주장합니다.

성경은 우리가 구원에 이르는 데 충분한 책이지만 또한 모두가 볼 수 있는 책입니다. 그래서 이단이나 사이비 교주들은 자기들이 성경 외에 또 다른 성경을 받았다는 데에 그치지 않고 특별한 성령의 계시가 자신에게만 있음을 주장합니다.

(5) 지도자를 신격화하고 맹종을 요구하며 비윤리적인 일을 저지릅니다.

이단과 사이비는 기성교회들의 반대나 이단 규정을, 성경에 나오는 예수님을 반대했던 바리새인이나 서기관들이 예수님을 몰라보고 핍박한 일에 대입합니다. 그래서 사회적으로 비윤리적인 일을 시키면서도 양심이 무뎌지게 만들고 이런 심리를 이용해 노동력을 착취하고, 가정을 파괴하며, 성적으로 착취하는 경우도 있습니다.

(6) 기존교회의 가르침을 부정합니다.

지금의 교회는 믿음의 반석 위에 세워졌고 수많은 믿음의 조상들의 노력과 희생으로 이어져 내려왔습니다. 비록 우리들의 부족으로 여러 가지 좋지 않은 모습을 보인다 할지라도 교회가 지닌 가치와 성경의 내용은 여전히 변함이 없습니다. 하지만 이단들은 기성 교회들의 약점을 집중 공략하며 이 정통성 있는 가르침까지 부정하곤 합니다. 잘못된 성경해석과 짜깁기로 성경을 아전인수로 해석하기 때문에 본질에 집중하지 못하도록 외부적인 요인으로 시선을 분산시키는 전략입니다.

요한계시록만 아주 집중적으로 다루든지, 구원에 대해서만 이야기한다던지, 혹은 귀신론에만 집중합니다. 그래서 믿음과 영성이 성품과 삶으로 연결되어, 삶 자체가 말씀의 전파가 되는 전인적인 신앙인의 모습으로 성장시키기가 어렵습니다.

이러한 주장들은 특히 기존 교회에 대한 배타성으로 나타나기가 쉽습니다. 그래서 이단과 사이비는 믿지 않는 사람들을 전도하기보다는 교회를 다니는 사람, 그러면서 성경을 정확히 알지 못하고 믿음에 확신이 없는 사람, 혹은 집안에 우환이 있거나 위로가 필요한 사람들을 더욱 노립니다. 자기들만이 구원을 가지고 있다는 교리를 전파하기에 더 쉬운 타겟이기 때문입니다.

2. 이단에 빠지기 쉬운 사람

여러 가지 힘든 일이 겹쳐 심한 우울증에 걸린 한 집사님이 있었습니다. 우울증이 너무 심해서 나중에는 교회도 안 나갔는데 교인들도 관심이 별로 없어서 연락 한 번 하지 않고 심지어 가족들도 손을 놓을 정도였습니다.

그런데 같은 교회에 숨어 있던 신천지 사람이 이 소식을 알고는 의도적으로 접근을 했습니다. 그리고 신천지에 있는 사람들이 불러내 맛있는 음식도 사주고 기분전환도 하러 교외도 나가고, 이야기도 들어주고, 나중에는 성경공부 모임까지 불러서 신천지 교리를 가르쳤습니다.

그런데 이렇게 여러 사람이 극진히 보살피니까 우울증이 치료됐습니다. 그래서 이제 그 사람들의 모임에 나가 보니까 신천지라는 걸 알게 됐고, 이를 안 가족들과 성도들이 "거기 신천지다, 어서 나와라"라고 말을 했는데, 그 집사님이 이런 말을 했습니다.

"나도 압니다. 그런데 내가 우울증에 빠져서 힘들어 할 때 아무도 날 도와주지 않았지만 신천지 사람들은 내 가족들보다도 더 나를 살펴줬습니다. 그 덕분에 내가 우울증에서 치료됐고 건강을 되찾았는데, 그 사람들이 아무리 거짓 교리를 가르친다고 하더라도 나는 신천지의 은혜를 잊을 수 없습니다."

이단의 사상이라는 것이 사실 어떻게 보면 허무맹랑하기에 빠지기가 더 어려워 보일 수도 있습니다. 그럼에도 그토록 많은 사람들이 이단에 빠지는 것은 우리의 삶과 신앙이 단순히 진리와 이성적 판단으로만 이루어지는 것이 아니라 다양한 요인들이 복합적으로 결합되어 있기 때문입니다. 그래서 단순히 이단과 사이비가 어떤 것을 가르치는지 아는 것만큼 어떤 사람에게 이단들이 접근하는지, 어떤 요인이 사이비에 빠지게 만드는지를 아는 것도 중요합니다.

가정경영아카데미 원장이자 한때 자신도 구원파에 빠졌었던 정동섭 교수는 자신의 경험과 연구를 토대로 '이단에 빠지기 쉬운 5가지 유형의 사람'을 다음과 같이 말했습니다.

1. 근원가정에서 소속감을 경험하지 못하고 사랑을 받지 못하고 성장한 사람이 사춘기와 청년기에 이단에 빠지기 쉽다.
2. 결혼생활이 불행한 부부, 남편의 사랑을 받지 못하는 중년 부인들, 아내의 존경을 받지 못하는 남편들도 이단에 미혹되기 쉽다.
3. 위기에 직면한 정상인들도 이단에 빠지기 쉽다.
4. 정통교회에서 시험받은 그리스도인이 이단에 미혹되기 쉽다.
5. 이단으로 빠질 성격을 갖고 있는 사람이 미혹되기 쉽다.

그밖에 조심해야 할 유형이 있습니다.

기본적으로 겸손하지 못한 사람들은 대부분 다른 사람보다 성경에 대한 지식을 더 많이 갖고 있음을 은근히 자랑하려는 경향이 있습니다. 성격 때문에 이단에 빠진다는 것이 조금 이해가 되지 않을 수도 있습니다. 그러나 이단들은 자신들의 편으로 끌어들이기 위해서 어떤 방법도 감수하기 때문에 인정이 필요한 사람에겐 인정을, 위로가 필요한 사람에겐 위로를 채워주며 접근하기 때문에 성격의 유형에 따라 얼마든지 이단의 표적이 될 수도 있고, 더 쉽게 넘어갈 수도 있습니다.

3. 이단의 대처방법

그렇다면 이런 이단들이 나에게 접근해 올 때, 혹은 우리 교회를 노리고 있을 때, 어떻게 대처해야 할까요? 물론 모든 해답은 성경에 있지만 그중의 가장 큰 3가지 원리를 정리하면 다음과 같습니다.

(1) 복음의 본질을 잊지 않는다

우리가 믿는 기독교는 "하나님의 형상대로 창조된 인간이 지정의(知情意)의 인격을 갖춘 하나님의 뜻을 살피고 그 뜻에 순종하며 살아가는 삶의 자세"입니다. 신앙은 지식이나 신비한 체험, 혹은 감정이 아니라 바로 '삶'으로 완성됩니다.

그럼에도 불구하고 인간의 불완전함과 시대적인 유행, 다양한 사상들로 인해 이 본질을 훼손하고자 하는 이단과 사이비들이 계속해서 생겨나고 또 기성 교회를 공격해올 것입니다. 이런 모습들은 초대교회에서부터 끊이지 않았고 이들은 예수님이 오실 때까지 복음을 대적하기 위해 발악할 것입니다.

그렇기에 우리는 복음의 터 위에 굳게 서야 하며, 깨어 있어야 합니다. 우리가 믿는 예수 그리스도 외에 다른 이름으로는 절대 구원이 없음을 분명히 해야 합니다. 한 가지 더 당부드릴 것은 외부에서 하는 성경공부를 조심하십시오. 사실 외부에서 하는 성경공부만 하지 않아도 이단으로 빠질 위험은 거의 없다고 봐도 됩니다. 잘 모르겠는 경우에는 먼저 교회의 목사님을 찾아가 상담을 한 뒤에 결정을 하고 아무리 친한 사람이 권유를 하고, 중요한 이유가 있다 하더라도 교회가 인정하지 않는 성경공부 모임은 참여하지 마십시오.

(2) 관계하지 않고 멀리한다

성경에서 이단을 만날 때의 대처법을 다시 한 번 봅시다.

> "이단에 속한 사람을 한두 번 훈계한 후에 멀리하라 이러한 사람은 네가 아는 바와 같이 부패하여 스스로 정죄한 자로서 죄를 짓느니라" - 디도서 3:10-11

이단인 사람은 논리적으로 맞는 말이나 제대로 된 복음을 전해준다 하더라도 받아들이지 않고 제멋대로 행동합니다. 그래서 굳이 논쟁을 하거나 불쌍히 여겨 접근할 필요가 없습니다.

성경은 이단에 속한 사람을 불쌍히 여겨 다가가 위로하라는 말씀을 절대 하지 않았습니다, 미혹의 영에 사로잡힌 사람들은 쉽게 돌아오지 못하기에 일단은 교회에 말하고, 전문가의 도움을 받는 것이 가장 현명한 판단입니다.

(3) 교회를 포기하지 않는다

성경에서 가장 문제가 많은 교회는 고린도교회였습니다. 앞에서 살펴봤듯이 고린도교회에는 우리가 상상할 수 없을 정도의 문제가 산재돼 있었습니다.

'분쟁, 시기, 음행, 소송, 분당, 금전문제…'

　　현재 우리가 당면하고 있는 문제들 모두를 갖고 있는 교회이기도 합니다. 지금 이런 문제들에 대해 이단과 사이비들이 손가락질하면서 물이 썩어서 물고기가 살 수 없으니 나오라고 말을 하지만, 문제가 많은 고린도교회도 바울은 "고린도에 있는 하나님의 교회"(고전 1:2)라고 말하며 격려했음을 기억해야 합니다.

　　"그러므로 내 사랑하는 형제들아 견실하며 흔들리지 말고 항상 주의 일에 더욱 힘쓰는 자들이 되라 이는 너희 수고가 주 안에서 헛되지 않은 줄 앎이라" - 고린도전서 15:58

　　진리를 분별할 수 없는 혼란한 세상… 주님이 오실 때까지 더더욱 이단과 사이비가 판을 치는 이 세상에서 우리라도 정신을 차리고 참된 기독교가 무엇인지, 예수님의 가르침이 무엇인지, 그 가르침을 따라 살 때에 어떤 놀라운 역사가 일어나고 참된 기쁨이 임하는지 세상에 보여주는 멋진 신앙의 길을 함께 걷기를 소망합니다.

12

참된 교회의 모습은?

우리나라에 기독교가 들어온 지 130여 년이 되었습니다. TV, 인터넷 등 여러 가지 방송매체에선 심심치 않게 교회의 부패성과 여러 가지 약점들을 지적하고, 때론 우리 믿는 이들도 얼굴이 붉어질 만한 창피할 때도 있습니다. 그런데 그렇게 언론에서 지적하는 교회의 모습이 진짜 한국교회의 모습일까요? 한국교회 130년의 역사와 5만여 개의 교회 중 90% 이상이 출석성도 300여 명이 안 되는 한국교회의 모습에서 우리는 어떤 비전을 보고, 교회에 대해 어떤 태도를 갖고 있어야 할까요?

몇 년 전에 "교회란 무엇일까요?"(What is the church?)란 플래시 영상이 온라인에서 화제가 된 적이 있습니다. 조회 수가 무려 40만 회가 넘은 이 영상은 교회에 대한 내레이션과 함께 플래시로 설명이 되어 있는데 나오는 내용을 요약하면 이렇습니다.

"교회가 무엇인가요? 건물인가요? 목사님인가요? 사역자들인가요? 찬양인가요? 정통인가요? 아니면 사역자들인가요? 이 모든 것들은 다 좋은 것들이지만 교회는 아닙니다. 이것들이 없어지더라도 교회는 여전히 여기 있습니다 왜냐구요?

왜냐면 당신이 여전히 여기 있기 때문입니다. 당신이 바로 교회입니다. 하나님과 이웃을 사랑하라는 임무를 수행중인 당신이 바로 교회입니다. 예배를 통해 주님과 연결되어 사회를 돕고 은사를 누리는 삶으로 믿지 않는 사람들을 전하는 것입니다.

당신이 이런 삶을 산다면 당신이 '교회 안'에서 했던 일들이 직접 '교회'가 되어 하는 일이 됩니다. 주께서 원하시고 세상이 필요로 하고 당신이 이루기 위해 부름 받은 그런 교회 말입니다. 교회가 무엇이냐고요? 바로 당신이 교회입니다."

3분도 되지 않는 짧은 영상이지만 교회의 목적과 성도의 본분을 잘 설명해놓은 좋은 영상입니다. 그런데 실제로 이런 교회의 모습을 주변에서 찾아보기가 쉽지 않습니다. 또 아무리 좋은 교회라 하더라도 막상 안에서는 이런저런 문제가 계속 생기는 경우도 많습니다. 그래서 이 교회에서 생기는 문제로 인해 시험받고, 신앙을 떠나는 성도들도 많습니다. 그러나 이런 모습들은 모두 교회의 참된 모습과 올바른 문제해결 방법을 알지 못하기에 생겨나는 부작용들입니다.

세상이 생각하는 교회

세상이 생각하는 교회란 사실 상당히 이율배반적인 위치에 있습니다. 왜냐하면 사람들은 교회가 완벽하기를 바라면서도 또한 문제가 많은 곳으로 생각하기 때문입니다. 그런데 이 두 가지 관점은 또한 때때로 교회를 다니는 우리들의 시선이기도 합니다.

1. 도덕적으로 완벽한 교회

세상에 완벽한 사람은 단 한 명도 없습니다. 그런데 특히 우리나라 사람들은 다른 사람에 대해서 너무나 엄격한 잣대를 들이 댑니다. 청문회를 보면 대부분 법 잘 지키고 문제 없이 살다가도 누구나 다 하는 위법 한두 개 했다고, 또 돈 좀 많다고 신문에 대서특필하고 하루 종일 그거 가지고 욕합니다. 물론 그들 청문회 대상들이 잘한 게 아니고 그들도 문제입니다.

예전에 이승만 초대 대통령에 대한 영화를 만든다고 그랬다가 난데없이 이승만이 국부냐, 아니냐 하면서 엄청 난리가 난 적이 있었습니다. 물론 이승만이 우리나라 초대 대통령으로 민주주의를 가져온 것은 맞습니다. 그런데 또 문제도 많이 있던 분이었습니다. 한강다리 끊어서 피란민들 죽게 했고, 부정선거도 했습니다. 다 분명한 사실입니다. 그런데 제가 지금 이승만 전 대통령이 국부의 자격이 있냐 없냐를 말하려는 것이 아니라 완벽한 사람은 없다는 말을 하고 싶은 겁니다.

세상에는 나도 그렇고, 너도 그렇고, 위인들이라고 불리는 사람도 그렇고 결코 완벽한 사람은 있을 수 없기에 그런 기대를 갖지 말고 사람들을 평가해야 된다는 말씀을 드리고 싶은 겁니다.

저는 이게 성리학을 비롯한 유교의 영향으로 우리나라에 유독 나타나는 현상이라고 보는데, 하여튼 이런 문제 때문에 우리나라에서는 특히 드러나 있는 사람들에 대해서 유독 완전무결

함을 기대하는 성향이 있습니다. 그러다 보니 세상의 이런 기대에 물들어서 교회를 다니는 사람도 교인들의 모습이 완전무결하기를 기대합니다. 그런데 일단 나부터가 그렇지를 못한데 어떻게 남이 그러기를 바랄 수 있습니까? 때로는 물론 '저건 좀 너무했다'라는 생각이 들 때도 있지만 완전무결하게 살아갈 수 있는 사람은 단 한 명도 없습니다. 아니, 진흙탕을 뒹구는 돼지 같은 우리지만 그나마 조금이라도 진흙을 털어보려고 노력하는 사람들이 모인 곳이 교회라고 보는 편이 더 맞을 것 같습니다.

교회는 완전하신 예수님을 믿고 따르는 사람들이 모인 곳입니다. 그러나 사람이란 분명한 한계를 가지고 있기에 교회를 아무리 오래 다니고 은혜가 넘친다 하더라도 결코 죄에서 떠나 완벽한 삶을 살기는 어렵습니다. 그렇기에 **예수님을 의지함으로 이 죄의 문제를 해결해야 하고, 또 그렇기에 예수님이 이 땅에 오셔야 했다는 사실을 분명히 기억해야 합니다.**

교회는 완벽한 곳이 아니라, 우리처럼 문제 많은 인간들이 모인 곳이기에 세상에서 일어나는 일들이 교회 안에서도 얼마든지 일어날 수 있지만, 그럼에도 주님은 주님 오실 때까지 교회를 통해 일하신다는 마음을 가져야 합니다.

2. 분쟁

초대교회에 성도가 얼마 많지도 않은데, 그 안에 무려 '아볼로 파, 게바파, 바울파, 그리스도파' 4개의 파가 생겨서 분쟁이 생겼습니다. 3장에는 또 성도들끼리 서로 시기하고 질투하는 모습이 나옵니다.

"형제들아 내가 신령한 자들을 대함과 같이 너희에게 말할 수 없어서 육신에 속한 자 곧 그리스도 안에서 어린아이들을 대함과 같이 하노라 내가 너희를 젖으로 먹이고 밥으로 아니하였노니 이는 너희가 감당하지 못하였음이거니와 지금도 못하리라 너희는 아직도 육신에 속한 자로다 너희 가운데 시기와 분쟁이 있으니 어찌 육신에 속하여 사람을 따라 행함이 아니리요"- 고린도전서 3:1-3

신앙이 있어도 크게 있는 사람은 하나님의 일을 하는데, 작게 있는 사람은 미혹에 금방 빠져 시기하고 질투를 합니다. 부모님을 사랑하는 마음은 같아도 어린아이는 시기하고 질투하며 욕심을 냅니다. 그런데 장성해서 어른이 되면 용돈도 드리고, 여행도 보내드리고 효도를 합니다. 신앙에도 같은 원리가 적용이 되는 것입니다.

6장을 보면 서로 싸움질을 합니다.

"너희 중에 누가 다른 이와 더불어 다툼이 있는데 구태여 불의한 자들 앞에서 고발하고 성도 앞에서 하지 아니하느냐" - 고린도전서 6:1

어디서 많이 보던 모습 아닙니까? 소위 말하면 우리가 닮아가기를 원하는 초대교회에서도 김 집사랑 박 집사가 멱살 잡고 죽네 사네 싸우다가 서로 고소하고 그랬다는 말입니다. 물론 요즘 한국교계가 조금 심한 모습도 있지만, 사실 이런 모습들은 초대교회부터 계속해서 일어났던 일들입니다.

그러나 그럼에도 문제를 덮는 은혜와 믿음의 연합이 있었기에 초기에 무너지지 않고 신앙이 계속 전파되어 왔으며, 복음이 흥왕해지고, 세상 사람들의 존경을 받을 수 있었습니다. 문제가 일어나는 것이 문제가 아니라 그 문제를 덮는 은혜가 사라진 것이 문제입니다.

> "그들이 사도의 가르침을 받아 서로 교제하고 떡을 떼며 오로지 기도하기를 힘쓰니라 사람마다 두려워하는데 사도들로 말미암아 기사와 표적이 많이 나타나니 믿는 사람이 다 함께 있어 모든 물건을 서로 통용하고 또 재산과 소유를 팔아 각 사람의 필요를 따라 나눠 주며 날마다 마음을 같이하여 성전에 모이기를 힘쓰고 집에서 떡을 떼며 기쁨과 순전한 마음으로 음식을 먹고 하나님을 찬미하며 또 온 백성에게 칭송을 받으니 주께서 구원받는 사람을 날마다 더하게 하시니라" – 사도행전 2:42-47

성경이 말하는 교회

교회란 과연 무엇일까요?

또 어떤 교회의 모습이 우리가 바라는 모습이며, 또 어떤 교회가 되도록 우리가 노력해 나가야 할까요? 물론 우리는 교회당이라는 건물에 모입니다. 그러나 교회는 건물이 전부가 아니라 그 안에서 주님을 예배하고 또 말씀을 힘써 실천하는 성도들까지 총칭하는 말입니다. 그렇기에 교회의 좋고 나쁨은 결코 성도인 우리들을 떼어놓고 생각할 수는 없습니다.

성경에 나온 교회 중 가장 문제가 많은 교회는 고린도교회입니다. 고린도전서를 보면 1장부터 16장까지 계속해서 고린도교회의 문제들이 나오는데 간단히 정리해보면 다음과 같습니다.

1. 분쟁, 고린도전서 1:10-11

"내 형제들아 글로에의 집 편으로 너희에 대한 말이 내게 들리니 곧 너희 가운데 분쟁이 있다는 것이라" – 고린도전서 1:11

바울와 베드로, 아볼로와 예수님을 따르는 사람들로 교회가 사분오열된 상태였습니다.

2. 시기, 고린도전서 3:1-3

“너희는 아직도 육신에 속한 자로다 너희 가운데 시기와 분쟁이 있으니 어찌 육신에 속하여 사람을 따라 행함이 아니리요” - 고린도전서 3:3

그런데 그 원인이 옳고 그름과 진리에 대한 것이 아니라 서로 시기하기 때문이었습니다. 시기심으로 서로 파를 나누고 다툰 것이었습니다.

3. 음행, 고린도전서 5:1-2

“너희 중에 심지어 음행이 있다 함을 들으니 그런 음행은 이방인 중에서도 없는 것이라 누가 그 아버지의 아내를 취하였다 하는도다 그리하고도 너희가 오히려 교만하여져서 어찌하여 통한히 여기지 아니하고 그 일 행한 자를 너희 중에서 쫓아내지 아니하였느냐” - 고린도전서 5:1-2

교회 안에서 아버지의 아내와 결혼을 한 성도가 있었는데, 이에 대해서 아무도 잘못이라고 말하지 않았습니다.

4. 고소, 고린도전서 6:1-2

“너희 중에 누가 다른 이와 더불어 다툼이 있는데 구태여 불의한 자들 앞에서 고발하고 성도 앞에서 하지 아니하느냐” - 고린도전서 6:1

도를 넘은 비방과 분쟁으로 교회 안에서 해결 못한 문제를 세상에 나가 해결하려고 서로 고소했습니다.

5. 결혼, 고린도전서 7:1-5

"음행을 피하기 위하여 남자마다 자기 아내를 두고 여자마다 자기 남편을 두라 남편은 그 아내에 대한 의무를 다하고 아내도 그 남편에게 그렇게 할지라" - 고린도전서 7:2-3

신전의 사제인 창녀들과 잘못된 성관념으로 바울은 결혼문제에 대해서도 직접적으로 언급을 합니다.

6. 우상에게 바쳐진 음식, 고린도전서 8:1-13

"지식 있는 네가 우상의 집에 앉아 먹는 것을 누구든지 보면 그 믿음이 약한 자들의 양심이 담력을 얻어 우상의 제물을 먹게 되지 않겠느냐" - 고린도전서 8:10

다른 신들의 제사에 제물로 드려진 고기를 시장에서 사 먹어도 되는지 안 되는지를 놓고도 문제가 있었습니다.

7. 바울의 사도권 비판, 고린도전서 9:1-2

"다른 사람들에게는 내가 사도가 아닐지라도 너희에게는 사도이니 나의 사도 됨을 주 안에서 인친 것이 너희라" - 고린도전서 9:2

심지어 바울의 사도권을 비판합니다. 고린도교회는 바울이 브리스길라와 아굴라와 함께 전도를 하며 모은 사람들로 세운 교회였습니다. 그리고 1년 반이나 머물면서 이들을 양육했는데, 그럼에도 바울이 열두 제자와 같이 예수님과 함께 있지 않았다는 이유로 트집을 잡는 사람들이 있었습니다.

8. 제사 문제, 고린도전서 10:20-21

"너희가 주의 잔과 귀신의 잔을 겸하여 마시지 못하고 주의 식탁과 귀신의 식탁에 겸하여 참여하지 못하리라" - 고린도전서 10:21

다양한 지역의 사람들이 모이는 고린도 지역의 특성상 하나님을 믿으면서도 다양한 제사에 참여하는 사람들도 있었습니다.

9. 성만찬문제, 고린도전서 11:20-27

"그러므로 누구든지 주의 떡이나 잔을 합당하지 않게 먹고 마시는 자는 주의 몸과 피에 대하여 죄를 짓는 것이니라" - 고린도전서 11:27

예수님의 죽음과 부활하는 성만찬 의식도 부자와 가난한 사람을 구별하는 잣대가 되었습니다.

10. 은사문제, 고린도전서 12:14

"몸은 한 지체뿐만 아니요 여럿이니" - 고린도전서 12:14

하나님이 주신 은사를 서로의 능력처럼 여기고 서로 자신의 은사가 낫다고 다퉜습니다.

11. 부활을 부인하는 사람들, 고린도전서 15:12-19

"그리스도께서 죽은 자 가운데서 다시 살아나셨다 전파되었거늘 너희 중에서 어떤 사람들은 어찌하여 죽은 자 가운데서 부활이 없다 하느냐" - 고린도전서 15:12

예수님의 부활을 분명히 목격한 증인들이 있었음에도 죽은 사람이 살아날 수 없다는 인간적인 생각으로 부활을 부인하는 사람들이 있었습니다.

12. 인색한 헌금, 고린도전서 16:1-4
"매주 첫날에 너희 각 사람이 수입에 따라 모아 두어서 내가 갈 때
에 연보를 하지 않게 하라"– 고린도전서 16:2
경제수준에 맞지 않게 너무 적은 헌금이 걷혔습니다.

어떻습니까? 지금 교회들이 가진 문제들의 몇 배나 되는, 그리고 심각한 문제들이 서로 얽히고설켜 있는 교회가 당시의 고린도교회였습니다. 지금 저런 교회가 있다면 아마도 매스컴의 뭇매를 맞고 연일 특종처럼 보도되다가 결국 터져도 몇 번은 터질 교회였습니다.

그러나 바울은 고린도교회 성도들에게 이렇게 말을 했습니다.

"우리 주 예수 그리스도로 말미암아 우리에게 승리를 주시는 하나님께 감사하노니 그러므로 내 사랑하는 형제들아 견실하며 흔들리지 말고 항상 주의 일에 더욱 힘쓰는 자들이 되라 이는 너희 수고가 주 안에서 헛되지 않은 줄 앎이라"– 고린도전서 15:57-58

이렇게 문제가 많은 교회를 바울은 왜 포기하지 않았을까요? 고린도전서 1장에서 바울은 그 이유를 말합니다.

"고린도에 있는 하나님의 교회 곧 그리스도 예수 안에서 거룩하여

지고 성도라 부르심을 받은 자들과 또 각처에서 우리의 주 곧 그들과 우리의 주 되신 예수 그리스도의 이름을 부르는 모든 자들에게"
- 고린도전서 1:2

이렇게 많은 문제를 가진 교회지만 이런 교회 역시 하나님이 세우신 교회이며, 하나님을 믿는 성도들이 모인 거룩한 공동체이기 때문입니다. 그래서 고린도전서에는 이런 복잡한 문제와 함께 해결하는 원리들도 나오는데 크게 3가지로 분류할 수 있습니다.

1. 믿음이 큰 사람이 양보하는 교회

고린도전서 7장과 8장을 보면 계속해서 문제들이 나옵니다. 그런데 7장을 보면 좀 이상한 것이 결혼을 하는 문제까지 사도 바울이 시시콜콜 참견합니다.

"너희가 쓴 문제에 대하여 말하면 남자가 여자를 가까이 아니함이 좋으나 음행을 피하기 위하여 남자마다 자기 아내를 두고 여자마다 자기 남편을 두라" - 고린도전서 7:1-2

여기서 고린도교회 성도들이 사도 바울에게 말한 문제는 당시 고린도 지역의 풍습과 관련이 있습니다. 당시 고린도 지역은 '아데미신'이라는 농경 신을 섬겼는데 이 신의 모습이 가슴만 24개가 달려 있는 아주 괴기한 모습입니다.

그런데 하늘에서 비가 내려야 땅에 풍년이 되듯이 남자가 여자와 잠자리를 많이 가지면 풍년이 온다는 것이 이들의 풍습입니다. 그래서 아데미 신을 섬기는 사제들은 다 창녀였는데, 당시 풍습에 따르면 풍년을 위해서라도 이 신전에 가서 음행을 저질러야 했습니다. 시대가 바뀌었을 뿐이지 당시 시대상에 따른 문제들이 교회 내에서 여러모로 시끄러웠습니다.

8장에는 우상에 드린 제물을 먹는 문제로 다시 싸움이 벌어집니다.

"우상의 제물에 대하여는 우리가 다 지식이 있는 줄을 아나 지식은 교만하게 하며 사랑은 덕을 세우나니 만일 누구든지 무엇을 아는 줄로 생각하면 아직도 마땅히 알 것을 알지 못하는 것이요 또 누구든지 하나님을 사랑하면 그 사람은 하나님도 알아 주시느니라"
– 고린도전서 8:1-3

당시 유대교인들뿐 아니라 이교도들까지 신에게 바치려고 소와 양을 잡았는데, 제물이 워낙 많다 보니 사제들이 다 먹지 못하고 시장에 내다 파는 물건들이 많았습니다. 그래서 이제 값도 좀 쌀 테니까 어떤 사람이 시장에서 그 음식을 사다 먹는데, 누가 보더니 "어? 저 사람 나랑 같은 교회 다니는 사람인데, 성도가 어떻게 우상에게 바친 제물을 먹어?" 라는 말이 나왔다는 이야깁니다.

그런데 사실 이사야서에도 이런 내용이 나오는데 그때 이사야의 대답은 이렇습니다.

"야 우상이 뭐냐? 입이 있어서 말하냐, 귀가 있어서 듣냐, 발이 있어서 걸어다니냐? 사람이 만들어놓고 겨우 세워야 세움을 받는 존재고, 부자들은 금이나 은으로 만들고 가난한 자들은 나무나 돌로 만드는 거 아니야?"

그러니까 이런 말씀을 알고 또 믿음이 강한 사람은 우상한테 드렸던 제물을 보고 "그냥 고기니까 먹으면 되지"라고 생각하는데 믿음이 약한 사람들은 "아니, 아무리 그래도 우상한테 드렸던 제물을 어떻게 먹지?"라며 상황이 묘하게 돌아가고 있었습니다.

당신은 어떤 모습을 선택하겠습니까? 또 이런 문제로 고민하고 있는 사람을 어떻게 권유하겠습니까? 그런데 사도 바울의 말을 요즘 어투로 바꾸면 이런 멋진 말을 합니다.

"왜 먹는 걸로 믿음이 연약한 자들을 실족하게 하세요? 만약에 먹는 걸로 믿음이 약한 자들을 실족하게 하면 난 영원토록 고기 안 먹을 거예요."

한마디로 **믿음이 큰 사람이 작은 사람들을 위해 양보하고 배려하라는 말입니다.** 아기가 부모한테 떼쓴다고 부모가 사리분별 해가면서 떼써야 한다고 가르치는 사람이 없듯이, 믿음의 문제들도 그런 식으로 처리하라는 것입니다.

9장에는 바울의 사도권에 대해서 또 걸고넘어지는데 여기서도 바울은 같은 모습을 보여줍니다.

"내가 자유인이 아니냐 사도가 아니냐 예수 우리 주를 보지 못하였느냐 주 안에서 행한 나의 일이 너희가 아니냐 다른 사람들에게는 내가 사도가 아닐지라도 너희에게는 사도이니 나의 사도 됨을 주 안에서 인친 것이 너희라 나를 비판하는 자들에게 변명할 것이 이것이니" - 고린도전서 9:1-3

당시 예수님의 제자들은 모두 예수님의 얼굴을 직접 보고 또 가르침을 받은 사람들이었습니다. 그런데 바울은 예수님의 얼굴을 본 적이 없습니다. 그런 바울이 편지를 쓸 때마다 "예수 그리스도의 종 사도 바울은" 이렇게 쓰니까 이걸 가지고 "예수님 얼굴도 못 봤으면서 니가 무슨 사도야?" 라고 시비를 건 것입니다.

여기서 바울이 이 문제를 가지고 권위로 협박하지 않습니다.

"야, 너 내가 누군지 알어? 나 사도 바울이야. 내가 복음 전하다 감옥 갇히고 매맞고 할 때 너 어디 있었어? 너 기도 응답 나보다 많이 받았어?"

이러지 않고 "다른 사람에게는 사도가 아니라도 내가 너희는 복음으로 낳았지 않았니?" 라고 좋은 말로 타일렀습니다. 이처럼 교회 내에서의 크고 작은 문제는 신앙의 연차가 오래되고, **직분이 높은 사람들이 배포를 가지고 여유 있게 품어주는 모습이, 비록 문제가 있을지라도 건강하게 해결하고 부흥하는 교회의 모습입니다.**

2. 많이 가진 사람이 나누는 교회

고린도전서 11장에는 성만찬의 문제가 나옵니다.

그런데 이 문제는 비단 성만찬의 문제가 아니라 많이 가지고 적게 가진 빈부에 대한 문제로 이어집니다.

"그런즉 너희가 함께 모여서 주의 만찬을 먹을 수 없으니 이는 먹을 때에 각각 자기의 만찬을 먼저 갖다 먹으므로 어떤 사람은 시장하고 어떤 사람은 취함이라 너희가 먹고 마실 집이 없느냐 너희가 하나님의 교회를 업신여기고 빈궁한 자들을 부끄럽게 하느냐 내가 너희에게 무슨 말을 하랴 너희를 칭찬하랴 이것으로 칭찬하지 않노라" – 고린도전서 11:20-22

당시엔 예수님의 말씀을 따라서 매주일 교회에서 성만찬을 했는데 이때 사용하는 포도주와 떡을 각자 집에서 가져왔습니다. 그럼 부자는 집에서 좋은 것으로 많이 가져오고 가난한 사람은 조금 가져오든지 아니면 아예 못 가져오든가 했을 것입니다. 그래서 먹을 것도 없는데 일찍 가지 좀 뻘쭘하니까 끝날 때쯤 가면 부자들이 벌써 잔뜩 먹고 심지어 포도주에 떡이 돼서 예배시간에 헤롱헤롱거리고 있었습니다. 그런데 이게 좀 지나니까 사람들이 예배시간에 취한 사람은 부자, 멀쩡한 사람은 가난뱅이 이런 식으로 판단하게 됐다는 겁니다.

바울은 이 모습을 보고 "주께서 제정하신 거룩한 예식으로 가난한 자들을 부끄럽게 한다"고 책망했습니다.

은사 역시 마찬가지입니다.

12장, 14장에는 서로 은사를 가지고 싸웁니다.

"너 방언해? 나 예언해. 너 예언해? 나 귀신 쫓아."

그리고 기어이 16장에서는 헌금문제가 터집니다.

"성도를 위하는 연보에 관하여는 내가 갈라디아 교회들에게 명한 것같이 너희도 그렇게 하라" - 고린도전서 16:1

은사도, 재물도 모두 하나님이 주신 건데 다 자기 것인 줄 알고 누구 잘났는지 따지다가 하루 종일 다툼만 일어나는 것이 고린도교회의 모습이었습니다. 그러나 많이 받은 사람은 많이 감당하는 것이 하나님이 주신 원리입니다. 은사도, 재물도 하나님이 베풀어주신 것이며, 다만 우리가 잠시 관리한다는 사실을 잊지 않을 때, 나를 남보다 낫게 보이려고 자랑하는 교만의 죄를 짓지 않고, 가진 것을 **서로 통용하며 오로지 하나님을 예배하고 기도하기를 힘쓰는 교회의 모습으로 일어설 수 있습니다.**

3. 단순함의 비밀

그런데 고린도교회의 문제는 도대체 끝날 줄을 모르고 계속 터져 나옵니다.

15장에는 심지어 예수님의 부활을 놓고 논쟁하기 시작합니다. 예수님이 돌아가시고 30년이 지난 후에 고린도전서를 쓰다 보니 당시 나중에 믿게 된 사람 중에는 이런 사실들을 의심하는 사람들이 있었습니다. 솔직히 지금이야 2천여 년이 지났으니까 진짜다 아니다 하면서 싸울 수가 있는데, 당시에는 직접 본 1차 목격자만 부지기수였는데도 교회를 다니면서 그 말을 안 믿는 사람들이 많았습니다.

"아무리 그래도 그렇지 사람이 죽었다가 어떻게 다시 살아나?" 이런 말을 하는 사람들이 고린도교회에도 많이 있었습니다.

> "그리스도께서 죽은 자 가운데서 다시 살아나셨다 전파되었거늘 너희 중에서 어떤 사람들은 어찌하여 죽은 자 가운데서 부활이 없다 하느냐" – 고린도전서 15:12

이 부활이 없다는 말을 교회를 안 다니는 사람이나, 기독교를 개독교라고 하는 사람들이 하는 말이 아니라, 교회에 열심히 다니는 사람들이 했다는 사실입니다. 그래서 바울은 다시 한 번 복음에 대해서 설파합니다.

"형제들아 내가 너희에게 전한 복음을 너희에게 알게 하노니 이는 너희가 받은 것이요 또 그 가운데 선 것이라 너희가 만일 내가 전한 그 말을 굳게 지키고 헛되이 믿지 아니하였으면 그로 말미암아 구원을 받으리라 내가 받은 것을 먼저 너희에게 전하였노니 이는 성경대로 그리스도께서 우리 죄를 위하여 죽으시고 장사 지낸바 되셨다가 성경대로 사흘 만에 다시 살아나사 게바에게 보이시고 그 후에 열두 제자에게와 그 후에 오백여 형제에게 일시에 보이셨나니 그 중에 지금까지 대다수는 살아 있고 어떤 사람은 잠들었으며 그 후에 야고보에게 보이셨으며 그 후에 모든 사도에게와 맨

나중에 만삭되지 못하여 난 자 같은 내게도 보이셨느니라" - 고린도전서 15:1-8

믿음이 가끔씩 오락가락하고 의심이 가는 분들은 이 말씀을 계속해서 읽어야 합니다. 어떻게 부활이 있느냐는 말에 바울은 이렇게 말합니다.

"열두 명의 제자가 다 도망갔잖아요? 그런데 갑자기 죽을 줄 알고 도망갔던 그 제자들이 돌아와서 죽기 살기로 복음을 전하잖아요. 그리고 예수님의 부활을 500명이 봤잖아요. 30년이 지났어도 그 사람들 대다수는 살아 있잖아요? 그리고 나 바울이 누구에요? 복음을 핍박했던 사람 아니에요? 근데 지금 복음의 전도자가 된 것 아니에요? 그런데도 어떻게 부활이 없다고 말할 수 있죠?"

저는 일련의 계속되는 이런 문제와 해결에 대해서 결국 모든 교회에서 일어나는 문제는 단순하게 해결해야 은혜가 풍성해진다는 원리를 깨달았습니다.

"단순함이 풍성케 함입니다."

저희 교회 성도들에게도 늘 이 말을 강조합니다.

헬라어로도 이 두 단어는 같습니다. 단순함과 풍성함이랑 어원이 똑같고 복잡함과 인색함이 똑같습니다. 심리학적으로도 사기꾼들이 길고 자세하게 설명을 더 많이 한다고 합니다. 특히나 자기가 속이려는 부분에 대해서 유독 상세하게 설명을 한다는 것이 하버드대학교 연구 결과로도 나와 있습니다.

신앙에 적용을 해보면 이렇습니다. 살다 보면 교회에 빠질까 말까 고민되는 상황이 자주 찾아옵니다. 그런데 여기서 교회에 나오기로 결정하는 사람들은 대부분 단순합니다.

"주일은 지켜야 하니까", "내가 맡은 직분이 있으니까", "예배가 최우선이니까."

그런데 빠지려는 사람은 일단 말이 길어집니다.

"목사님, 제가 평소에는 교회 잘 안 빠지고요. 이번에도 왠만하면 드리려고 했는데 그게 이번에는 항공이 특가로 너무 싸게 떠서… 제가 월급이 박봉이다 보니 이런 기회가 아니면…"

뭐 이런 식으로 늘어지는 경우가 많습니다.

이렇게 문제가 생길 때 복잡하고 어렵게 만드는 사람은 절대로 풍성함을 누릴 수가 없습니다.

다시 말하면 교회에 일어나는 모든 문제들, 지금 우리가 처해 있는 상황들이 어찌보면 너무나 복잡하다고 말할 수 있지만 그래도 **단순하게 생각하고 담대히 이겨나갈 때 풍성한 은혜가 임하게 됩니다.**

당시 고린도교회의 모습은 지금 우리 시대의 교회보다 더 하면 더하지 못하지 않았습니다. '분쟁, 시기, 음행, 소송, 결혼, 우상에게 드렸던 제물의 문제, 바울의 사도권, 제사 문제, 성만찬 문제, 부활에 대한 의심, 헌금 문제' 게다가 그 사이에는 자기 의붓 엄마랑 사는 사람의 이야기가 나옵니다.

지금 이런 얘기를 어디다 했다가는 다음날 인터넷 포탈 사이트에 도배가 되면서 댓글로 아주 난리가 날 겁니다. 그런데 이런 모든 고린도교회의 문제를 알고 있는 바울은 가장 서두인 1장에서 이렇게 고린도교회를 표현합니다.

> "고린도에 있는 하나님의 교회 곧 그리스도 예수 안에서 거룩하여지고 성도라 부르심을 받은 자들과 또 각처에서 우리의 주 곧 그들과 우리의 주 되신 예수 그리스도의 이름을 부르는 모든 자들에게"
> – 고린도전서 1:2

성만찬하다 취하고, 없는 사람 무시하고, 의붓 엄마랑 사는 사람이 있는 곳이 무슨 교회냐고 사람들은 그럴지라도 바울은 고린도교회를 '하나님의 교회'라는 표현을 씁니다. 게다가 한 발 더 나아가 수고를 격려하고 칭찬합니다.

> "그러므로 내 사랑하는 형제들아 견실하며 흔들리지 말고 항상 주의 일에 더욱 힘쓰는 자들이 되라 이는 너희 수고가 주 안에서 헛되지 않은 줄 앎이라" – 고린도전서 15:58

루마니아에 현대의 사도 바울이라고 불리는 범브란트 목사님이 계셨습니다.

이 목사님은 공산당 치하에서도 두려워하지 않고 복음을 전했고, 나중에는 감옥에 잡혀 들어가서도 복음을 전했습니다. 하도 죄수와 간수들에게 전도를 해서 나중에는 독방에 가뒀는데, 그러자 고문을 당하면서도 고문관에게 복음을 전할 정도로 정말 예수님만을 위해 사신 분이었습니다. 그런데 이분이 나중에 루마니아가 민주화가 되고 석방이 되어 한국에 오신 적이 있습니다. 목사님이 한국의 한 식당에서 어떤 외국인 부부를 만났는데, 그들에게 복음을 전하려고 교회에 다니냐고 물었습니다.

"저는 루마니아에서 온 범브란트 목사입니다. 혹시 교회에 다니시나요?"

"아니요. 저는 어렸을 때 성당을 다녔고, 제 아내는 영국 성공회에 다니는 집안에서 태어났습니다. 그러나 둘 다 지금은 교회에 다니질 않습니다. 저희 부부 모두 어려서부터 교회 내에서 위선자들을 너무 많이 보고 자랐거든요. 그래서 결혼을 하고 저희 부부는 차라리 교회에 다니지 말자고 뜻을 모았습니다."

이 말을 들은 범브란트 목사님이 미소를 지으며 대답했습니다.

"저런 그렇군요. 사실 저는 그 이유 때문에 교회를 다닙니다. 교회에 완벽한 사람들만 있다면 저 같은 죄인은 잠시도 못 있고 집으로 돌아와야 할 것 같거든요."

옥에 갇혀서까지 복음을 전하며 살던 범브란트 목사님도 이런 고백을 했습니다. 그러나 이보다 더 죄에 연약한 모습을 가진 우리는 교회가 완전무결한 천국과도 같은 곳이 되기를 원하는 것 같습니다.

할렐루야!
교회는 물론 문제가 많습니다.

그러나 그 문제를 덮고도 남을 만한 은혜와 사랑이 있습니다. 그리고 나의 교회는 나의 사랑이기도 하지만 나의 고민입니다. 교회는 완벽합니다, 그런데 문제 있는 우리들이 모여서 많은 문제가 교회에 생겼습니다. 그러나 문제를 복잡하게 만들지 말아야 합니다. 내 맘에 안 든다고, 사람들이 욕한다고, "교회가 왜 저래, 목사님이 왜 저래, 이러쿵 저러쿵…" 그런 지적질을 나의 의로 삼지 말고, 묵묵히 내가 감당해야 하는 몫을 믿음으로 받으며 주님의 발자취를 따라 걸어나가야 합니다.

신당동 예수마을교회 장학일 목사님이 무당이 많은 지역에서 교회를 했는데, 한 성도가 포장마차를 한다고 교회 두꺼비집에다 전기를 연결해서 장사를 했습니다. 목사님이 교회 전기세도 문제지만 근처에서 술장사를 하는데 교회가 도움을 주는 것도 좀 그래서 이러지 마시라고 했더니, 대뜸 따귀를 때리면서 "나도 헌금하는데 이거 전기 하나 못 써?"라면서 역정을 냈다고 합니다. 목사님이 너무 슬퍼서 집에서 이불을 뒤집어쓰고 울면서 목회를 계속해야 되나 말아야 되나 회의감에 빠져 있는데, 이 모습을 본 사모님이 조용히 와서 말했습니다.
"여보, 우리가 감당해요. 우리가 안 하면 또 다른 목사님이 와서 어려움 당하잖아요."

예수님을 믿고, 예수님을 따라 산다는 건 바로 이런 모습입니다. 뺨 한 대 맞는다고 "나 안 해, 못해" 그러는 게 아니라 **죽어도**

그리스도의 몸된 교회에 붙어서 살아 있으려고 발버둥치는 것이 진짜 성도의 모습입니다. 팔, 다리가 몸통을 떠나서는 아무것도 아니듯이 주님의 몸된 교회에서 떨어져나간 우리의 모습이 그렇습니다. 아무리 힘들고 어려워도, 마음이 분해도 가야 됩니다. 어떤 일이 있어도 가야 됩니다. 내가 다니는 교회는 예수님의 몸이자 나의 사랑, 나의 고민입니다. 교회가 여러 가지 문제가 있을지라도 지적을 하고 괴로워하기보다 단순하게 생각함으로 내 길을 가는 풍성한 은혜의 자리에 서기를 기도합니다.

구원 그 이후의 삶은

예수님을 구주로 믿은 후 우리들은 어떻게 신앙생활해야 할까? 이 물음은 긴 시간 저를 따라다녔습니다. 그러던 중 우연히 마태복음을 강해할 기회가 있었는데 우리가 흔히 알고 있는 산상보훈을 통해 구원 받은 다음 우리가해야 할 신앙생활의 모습들이 보이기 시작했습니다.

1. 심령이 가난한 자(마 5:1-3)

2. 애통하는 자(마 5:1-4)

3. 온유한 자(마 5:1-5)

4. 나의 의는 무엇인가?(마 5:1-6)

5. 타인에 대한 태도(마 5:1-7)

6. 마음이 청결한 자(마 5:1-8)

7. 하나님의 아들들(마 5:9-12)

8. 실천해야 할 경건 세 가지(마 6:1-4)

9. 그리스도의 물질관(마 6:31-34)

10. 먼저 할 것(마 7:13-14)

11. 누가 거짓 선지자인가?(마 7:15-21)

12. 말과 행함?(마 8:1-4)

1 심령이 가난한 자 (마태복음 5:1-3)

*빌리 그레이엄 목사님은 팔복을 연구하면서 이런 글을 썼습니다.
"만일 행복이라는 말이 평온, 확신, 만족, 평화, 기쁨 그리고 영혼의 만족을 의미한다고 하면 예수님이 가장 '행복한 분'이셨다. … 그는 삶의 갖가지 상황과 미래에 대한 두려움을 벗어나 행복하게 살 수 있게 해주는 비결을 알고 있었다. 그는 가장 힘든 상황, 심지어는 죽음에 처해 있어도 냉정함과 확신과 평정을 지니고 있었다… 어느 누군가 진정한 행복과 축복을 누렸다면… 그분은 바로 예수님이셨다."
만일 빌리 그레이엄 목사님의 이 말에 우리가 동의하고, 진정으로 믿는다면 우리는 "예수님이 어떻게 하셨는가?"를 볼 수 있어야 하고, 세상적인 방법으로 행복을 구하지 말아야 한다.

1. 모세는 시내산에서 십계명을 받았습니다. 이제 예수님은 산에서 말씀하십니다. 출애굽기 20:1-17과 마태복음 5:1-2의 모습은 어떠합니까?

2. 예수님의 제자로 살아가기 위해 주님이 말씀하신 첫 번째는 무엇입니까?(마 5:3)

3. 심령이 가난하다는 것은 무슨 뜻입니까?

4. 라오디게아 교회는 스스로 어떤 말을 했습니까?(계 3:17)

5. 그렇다면 심령이 가난한 모습으로 사는 신앙인의 모습은 어떠합니까? 서로 생각들을 나누어 보십시오.

*심령이 가난한 자는 하나님 앞에서 자신의 전적인 무능을 느끼고 하나님의 전적인 도움을 의뢰하는 자를 가리킵니다. 그것은 하나님 앞에 영적인 거지가 되는 것이고, 자신의 무능과 보호함이 없음을 철저히 고백하는 것입니다. 그것은 하나님 앞에서 '지혜롭고 슬기 있는 자들'이 아닌 '어린아이들'(마 11:25)이 되는 것입니다. 우리 평생에 심령으로 가난한 자가 되기를 소망할 수 있어야 합니다.

2 애통하는 자 (마태복음 5:1-4)

　　마태복음 5-7장은 소위 산상보훈이라고 합니다. 예수님께서 산 위에서 전하신 보배로운 교훈이라는 뜻입니다. 과거 모세가 시내산에서 하나님의 말씀을 받아 이스라엘 백성들이 살아야 할 규례를 말했던 것처럼, 이제 주님은 산에서 '예수님의 따르미'로 살겠다고 고백한 사람들이 어떻게 살아야 하는지를 말씀하고 계십니다.

1. 주님이 맨 앞에 위치시킨 제자로서의 삶의 첫 번째는 무엇입니까?
   (마 5:3)

2. 심령이 가난함을 맨 앞에 위치시키신 이유가 무엇입니까?(벧전 5:5)

3. 두 번째 복은 무엇입니까?(마 5:4) "항상 기뻐하라"(빌 4:4)라는 말씀과는 어떻게 구별해야 합니까?

4. 하나님의 뜻을 어기는 우리 자신, 하나님을 거역하는 이 세상, 이기적인 삶에 충실한 우리들의 모습들(빌 2:19-20)을 보면 우리의 마음은 어떻게 될 수밖에 없다는 것입니까?(마 5:4)

　　*주님을 믿음으로 구원받는다는 값싼 은혜를 잘못 강조한 나머지, 우리는 주님의 말씀대로 살기를 결단하는 제자의 삶을 잃어버린 시대에 살고 있습니다. 우리가 믿는 주님은 죽어서 천국으로만 데려다 주는 그런 주님이 아닙니다. 이 땅에서 성령으로 우리와 함께하시며, 이렇게 살라고 지금 산상보훈을 통해 우리에게 분명히 말씀해 주시는 분입니다. 하나님의 말씀 앞에 나 자신의 삶을 드릴 수 있는 우리들이 되어야 합니다.

3 온유한 자 (마태복음 5:1-5)

*모세가 시내산에서 십계명을 받아 이스라엘 백성들이 어떻게 살아야 할 것을 말한 것처럼, 이제 예수님은 산에서 예수님의 제자들이 어떻게 살아야 하는지에 대해서 말씀하십니다. 성도들은 산에서 말씀하신 보배로운 교훈이라고 해서 이것을 산상보훈이라고도 말합니다.

1. 온유한 자에 대해 말씀하시기 전, 복 있는 자의 두 가지는 무엇입니까?(마 5:3-4)

2. 시편 37편에 온유한 자에 대해 성경은 어떻게 말하고 있습니까?
   (시 37편 참조)

3. 성경은 우리가 형제들 속에 있는 죄와 실패 등 여러 가지 일들에 대해 앙심을 품지 말고 자기주장을 하지 말고 어떻게 대하라고 말합니까?(마 5:5)

4. 40대에 마음에 들지 않는 사람을 쳐 죽여 모래에 감춘 모세는 누이 미리암과 형 아론이 자신을 비방했을 때 어떤 태도를 취합니까?(민 12장 참조)

5. 예수님은 우리에게 어떤 초청을 하십니까?(마 11:28-30)

*온유는 나약이나 비굴이 아닙니다(meekness is not weakness), 온유는 우유부단이 아닙니다. 불의와 적당하게 타협하면서 사는 것도 아닙니다. 정의를 외치되 세상적인 방법으로 하는 것이 아닙니다. 정의를 지킨다는 명분으로 자칫하면 분노라는 또 하나의 불의에 말려들 가능성이 있기 때문에 온유한 심정으로 정의를 지키라고 말합니다. 온유는 자기를 정복하고 불의와 싸우는 것이기에 가장 강한 성품입니다.

4 나의 의는 무엇인가 (마태복음 5:1-6)

*주님은 우리에게 의에 주리고 목마른 자는 복이 있나니 그들이 배부를 것이라고 말씀하고 계십니다. 배고픔은 고통스러운 경험이고, 목마름도 고통스럽습니다. 배고픔과 목마름이 겹쳤을 때의 고통과 갈망은 얼마나 크겠습니까? 어찌든지 배고픔과 목마름의 상태를 해결하려는 갈망은 대단할 것입니다.

1. 주림과 목마름에 대해 주님이 말씀하시는 것은 무엇입니까?

2. 의란 습관, 풍습이라는 말이 전환되어서 나온 말입니다. 즉, 하나님의 규범대로 사는 것입니다. 세상의 의와 크리스천의 의의 차이는 무엇입니까?

3. 주님께서 의에 대해 말씀하시기 전 말씀하신 내용들은 무엇입니까? 그 내용들이 의와 어떤 연관이 있습니까?(마 5:1-6)

4. 우리에게 있어 의란 사실 시대마다, 나라마다, 사람마다 각기 차이가 있습니다. 오늘 내가 감당해야 할 의는 무엇입니까?

*배고픔과 갈증에 대한 경험은 사실 대단합니다. 지금이야 먹을 것이 풍부해서 그런 경험을 실제로 체험하긴 어렵지만, 몇십 년 전만 해도 우리 대부분은 그런 경험 속에서 살아야만 했던 시절이 있었습니다. 의에 대한 갈망은 그래야 한다는 것입니다. 하지만 그 이전에 하나님 앞에 겸손하고, 자기 자신에게 애통하고, 여러 가지 상황에 대해 온유한 마음이 있어야 주님께서 말씀하신 의에 대해 제자리를 찾을 수 있습니다.

5 타인에 대한 태도 (마태복음 5:1-7)

*예수님은 복 있는 사람들이 어떤 사람들인지를 먼저 말씀하십니다. 먼저 심령이 가난한 자가 복 있는 사람들이다라고 선언하시며, 애통하는 자, 온유한 자, 의에 대하여 배고프고 목마른 자가 복이 있다고 말씀하십니다. 이상의 네 가지는 하나님을 향해 우리가 가져야 할 심정적인 태도라면, 지금부터 말씀하시는 긍휼에 대한 것은 사람과의 관계에 대해 말씀하십니다.

1. 마태복음 5:1-2의 산에서 말씀하신 것과 출애굽 20장의 시내산은 어떤 관계가 있습니까?

2. 마태복음 5:3-6에 하나님을 향한 태도는 어떤 것들이 있습니까?

3. 하나님과의 관계에서 가장 먼저 말한 것은 무엇입니까? 사람들과의 관계에서 가장 먼저 말한 것은 무엇입니까?(마 5:7)

4. 마태복음 5:7에 긍휼히 여긴다는 말을 하나는 능동사로 썼고 하나는 수동사로 썼습니다. 긍휼을 받고 긍휼을 준다는 말입니다. 오늘 내가 긍휼을 베풀어야 할 이웃이 누굽니까?

*긍휼히 여긴다는 말은 원래 "어떤 쪽으로 더 마음을 기울인다" 혹은 "거기에 대해 관대한 심정을 가진다"는 뜻으로 사용되었습니다. 긍휼을 의에 대한 갈망과 비교하면, 의를 추구하는 삶은 자칫 불의나 죄에 대해 잔인한 비판의 시선만 향할 수 있습니다. 우리는 의는 의대로 행하지만 긍휼한 마음과 행동을 잊지 말아야 합니다. "긍휼과 진리가 같이 만나고 의와 화평이 서로 입 맞추었으며"(시 85:10)라고 성경은 말하고 있기 때문입니다.

6 　마음이 청결한 자 (마태복음 5:1-8)

*예수님은 "마음이 청결한 자가 복이 있다"고 말씀하십니다. '마음에 있어서 청결한 자'라는 뜻입니다. 바리새인과 서기관들은 외적인 면에선 청결했습니다. 이방인과 접촉하지도 않고, 외출 후엔 꼭 손을 씻기도 했고, 부정한 음식을 먹지도 않았습니다. 그러나 그들 마음에 있어서는 청결하지 않았습니다. 탐욕과 방탕이 가득했으며, 외식과 불법이 가득했습니다(마 23:25-28). 그들은 마음을 지키지 못했던 것입니다.

1. 지혜의 주소를 성경은 어디라고 말합니까?(잠 8:12)

2. 잠언 4:23에서 모든 지킬 만한 것 중에 무엇을 지키라고 말합니까?

3. 바리새인들은 무엇 때문에 주님께 책망을 받았습니까?(마 23:23-28)

4. 예수님은 나다나엘을 어떻게 평가하십니까?

*마음이 청결하다는 것은 불의와 부정함이 없다는 뜻입니다. 마음에 나쁜 생각을 품지 아니하고 더러운 욕심을 품지 않으며 깨끗한 마음으로 하나님을 섬기는 자가 마음이 '청결한 자'입니다. 두 마음을 품지 않고 하나님을 순수한 마음으로 섬기는 이런 사람들은 하나님을 향해 청결하기 때문에 사람들을 향해서도 깨끗하게 됩니다. 마음이 청결한 자는 겉과 속이 다르지 않기 때문입니다. 이런 사람들이 하나님을 볼 수 있습니다. 여기에서 하나님을 본다는 것은 눈으로 본다는 의미이기보다는 일상생활 가운데서 하나님의 임재하심을 강하게 느끼며 하나님과의 긴밀한 교제 속에서 살아간다는 뜻입니다.

7 하나님의 아들들 (마태복음 5:9-12)

*복에 대해 우리는 지위가 올라가거나, 재물이 많아지거나 자식들이 잘되는 등 눈에 보이고 세상이 추구하는 모든 것들이 잘 풀리거나 많아지는 것을 먼저 생각하게 됩니다. 하지만 성경은 행함이나 소유가 아니라 됨됨이(being)에 의존해서 행복을 말씀하십니다. 심령이 가난하거나, 애통하고, 온유한 자는 복이 있나니. 의에 주리고 목마른 자는 복이 있나니, 긍휼히 여기는 자, 마음이 청결한 자, 화평케 하는 자는 복이 있나니… 여기에선 행함이나 소유에 대한 말은 한마디도 없습니다. 문제는 그 사람이 어떠한 상태에 있느냐 하는 것입니다.

1. 마태복음 5:1-10을 읽으십시오. 우리가 생각하는 복과 주님이 말씀하시는 복의 차이는 무엇입니까?

2. 주님이 말씀하신 복에는 특별한 양식(form)이 있습니다. "심령이 가난한 자는 복이 있나니 이는 천국이 저희 것임이요"에서 '복이 있나니…이는(for)'이라고 말씀하십니다. 우리가 생각하는 복과 주님이 말씀하신 복은 어떻다는 말씀입니까?

3. 마태복음 5:1-12을 다시 한 번 생각해 보십시오(마 7:13-27 참조). 그렇다면 우리들의 신앙생활은 어떤 모습이어야 합니까?

4. 주님이 말씀하신 신앙생활과 내가 생각하는 신앙생활의 모습은 어떤 면이 같고, 어떤 면이 다릅니까? 서로 의견을 나누어 보십시오.

*우리는 새로 집을 산다든지, 시험에 합격한다든지, 부채가 해결됐다든지, 결혼을 한다든지 내가 그러한 상황에 처해 있으면 행복하다는 생각을 하게 됩니다. 하지만 거기에서 시작하지 않습니다. 행복이란 품성의 결과로 나타나는 하나의 상태라는 것입니다. 즉, 우리가 어떠한 상태에 있으면 행복하다라는 생각을 하게 된다면, 주님은 사람 속에 어디서든지 행복을 찾을 수 있는 마음의 상태를 만들어 주십니다.

8 실천해야 할 경건 세 가지 (마태복음 6:1-4)

*예수님의 제자로 사는 삶은 '어떤 일을 행하는 것'보다 '어떤 마음가짐이냐?'가 더 중요하다는 것을 산상보훈을 통해서 말씀하셨습니다. 이제 주님은 마음의 신앙보다 실천해야 할 행동의 신앙에 대해 말씀하십니다. 예수님의 제자로 사는 삶은 구제(마 6:2-4), 기도(마 6:5-15), 금식(마 6:16-18) 이 세 가지입니다.

1. 마태복음 5장의 시작과 6장의 시작의 차이는 무엇입니까?

2. 마태복음 6:1을 읽으십시오. 구제, 기도, 금식을 말하기 전 주님이 강조하신 말씀이 무엇입니까?

3. 구제, 기도, 금식 이 세 가지는 금지가 아니라 교정시키는 것입니다. 어떻게 하라는 말입니까?

4. 나의 구제, 기도, 금식생활은 어떠합니까? 서로의 체험을 나누어 보십시오.

*마태복음 5장에서 신앙생활은 우리 마음에서 시작되는 것임을 말씀하시며, 그 마음에 대해 강조하며 말씀하셨다면, 6장에서는 마음만이 아니라, 직접 실천해야 할 경건한 삶이 있음을 분명히 말씀하고 있습니다. 구제, 기도, 금식은 당시 사람들이 가장 중요시하던 것들이었으며, 주님은 그 가치를 긍정적으로 생각하시기 때문에 예로 사용하신 것입니다.

9 그리스도의 물질관 (마태복음 6:31-34)

*몸을 가진 사람들은 물질을 필요로 합니다. 예수님을 따르는 사람들도 계속 이 세상에서 살아가기에 물질이 필요합니다. 마태복음 5장에서 마음의 문제를 다뤘다면, 6장은 이제 행동의 문제를 다룹니다. 구제, 기도, 금식은 우리가 마음으로만 행하는 문제가 아닌 실제 몸으로 행해야 할 부분입니다. 그리고 물질에 대한 태도도 단순히 용도의 문제만이 아니라, 분명한 신앙고백으로 다뤄야 할 문제입니다.

1. 마태복음 6장에서 우리가 행해야 할 의 세 가지는 무엇입니까?
   (마 6:1-18)

2. 물질에 대해 주님은 어떻게 말합니까?(마 6:24) 무슨 뜻입니까?

3. 주님은 우리의 눈이 나쁘면 온 몸이 어두울 것이라고 말합니다. 눈은 우리가 뭔가를 보는 시각입니다. 물질에 대한 태도를 주님은 어떻게 비유하십니까?(마 6:24-31)

4. 그렇다면 먼저 그의 나라와 의를 구한다는 뜻은 무엇입니까?
   (마 6:33)

*하나님은 섬겨도 돈을 섬길 사람은 없습니다. 그러나 인간의 마음은 어리석어서 돈과 하나님, 재물을 주신 분과 물질을 양편에 올려놓고 수시로 저울질합니다. 우상숭배는 밖에 있는 것이 아니라 내 마음에서 만들어집니다. 돈을 위해 사람을 해하는 것은 밥이 목숨보다 더 중요하다는 생각, 물질이 가장 중요하다는 잘못된 시각 때문에 벌어지는 일 일 것입니다. 우리는 제대로 된 시각을 갖는 그리스도의 제자가 되어, 먼저 그의 나라와 의를 구하며 하늘에 보화를 쌓을 수 있는 '예수 따르미'가 되어야 합니다.

10 먼저 할 것 (마태복음 7:13-14)

  *마태복음 7장에서는 논리적으로 구분하기 어렵고 그 연관성을 엮어내기 어려운 몇 말씀이 수록되어 있습니다. 마태복음 5장과 6장을 통해 마음과 우리가 행해야 할 실천적인 말씀을 하셨지만, 예수님은 우리들이 자신의 것을 미화하고 정당화하며 이런저런 핑계를 만들어 내기에 선수들임을 아셨습니다. 그리고 우리가 제대로 된 예수님의 따르미로 살아간다는 것도 그렇게 간단치 않음을 아셨습니다.

   1. 천국의 사람들은 다른 사람에 대해 어떤 태도를 취하여야 합니까?(마 7:1-5)

   2. 마태복음 7:6에서 개와 돼지를 말합니다. 개와 돼지들은 성경에서 종교적이지만 깨끗하지 않은 사람들을 가리킵니다. 베드로후서 2:12, 19, 22, 빌립보서 3:2에서 어떻게 말하고 있습니까? 다른 사람들을 돌보는 문제를 말씀하신 후 개와 돼지를 말씀하신 이유는 무엇입니까?

   3. 마태복음 7:7-11은 갑자기 기도에 대해 말씀하십니다. 왜 주님은 다른 사람들을 돌보는 문제에 이어 기도에 대해 말씀하셨을까요?

   4. 다른 사람들을 대하는 원칙의 결론을 마태복음 7:12에서 어떻게 말씀하십니까?

  *예수님은 우리가 하나님을 믿는다고 하면서도 막상 하나님의 손보다는 사람들의 손을 쳐다보고 이기적인 모습으로 사는 삶이 더 편하고 익숙하다는 것을 알고 계셨습니다. '그러므로'가 바로 이 논리를 도입하고 있습니다. 결국 사람들에게 기대하는 그대로가 우리의 행동원칙인 것입니다. 이웃에게 그리고 세상에게 무언가 주는 사람들로 사는 것, 이것이 예수님의 따르미로 사는 사람들의 삶입니다.

11 누가 거짓 선지자인가 (마태복음 7:15-21)

  *산상수훈을 말씀하시는 마태복음 5장에서 예수님은 3인칭 표현을 사용하십니다. 그 이유는 '지금 예수님의 말씀을 들은 모든 사람이 복 있는 사람은 아니고, 이런 사람들만 복 있는 사람이다'라고 말씀하시기 위함입니다. 지금 마태복음 7장에서 다시 주님은 "나더러 주여 주여 하는 자마다 다 천국에 들어갈 것이 아니요 다만 하늘에 계신 내 아버지의 뜻대로 행하는 자라야 들어가리라"고 말씀하시며 다시 3인칭 표현법을 사용하십니다.

1. 주님은 거짓 선지자들을 삼가라고 말씀하시며 양의 옷을 입고 너희에게 나아오나 속에는 노략질하는 이리라고 말씀하시며 주의해야 할 어떤 것들을 말씀하십니까?(마 7:15-21)

2. 지금 문맥에서 그날에 많은 사람들이 주의 이름으로 선지자 노릇도 하고, 귀신도 쫓아내며 많은 권능을 행했지만 주님이 모른다고 한 사람들은 어떤 사람들입니까?(마 7:22-23)

3. 지금까지 주님이 하신 말씀대로 사는 사람들에게 다가오는 시험들 비, 창수, 바람이 부는 시험들은 어떤 시험들일까요?(마 7:24-27) 나는 이런 시험 앞에서 어떤 모습입니까?

4. 우리가 사는 이 땅에서 주님의 말씀대로 산다는 것은 어쩌면 좁은 문 같고, 사실 힘들어 보이기도 합니다. 하지만 우리가 반드시 걸어야 할 길입니다. 우리는 지금 산상수훈을 보면서 어떤 마음들이 듭니까?

  *신앙생활은 말과 입으로만 하는 것이 아니라 열매입니다. 비는 하늘에서 오고, 바람은 옆에서 불고, 물은 땅에서 솟아오릅니다. 신앙생활은 우리의 관념이나 의견, 소견 위에 세우는 것이 아닙니다. 그런 것은 모래 위에 세운 집이기 때문입니다. 산상보훈을 말씀하신 주님의 말씀이 내 삶에 얼마나 적용되고 있는지요. 우리 모두 지혜로운 건축자의 길을 걷게 되길 소망합니다.

12 말과 행함 (마태복음 8:1-4)

*마태복음 8-9장은 예수님께서 행하신 10가지 이적을 보여주고 있습니다. 이러한 이적은 5-7장에서 기록된 산상보훈과 8-9장을 긴밀하게 연결하며, 8장부터 연결되는 예수님의 행위사역은 산상보훈으로 멋있게 말만 하는 분이 아니라, 직접 행하시는 분이라는 사실을 우리에게 알려주고 있습니다. 예수님은 말씀만 잘하시는 메시아가 아니라, 자신이 친히 말씀하신 그대로 정확하게 실천하시는 행동의 메시아임을 보여주고 있습니다.

1. 야고보서 1:22-25과 2:14-16을 보십시오. 성경은 행동에 대해 어떻게 말합니까?

2. 8-9장에서 주님은 이적을 우리에게 보여주십니다. 어떤 이적들입니까? 예수님이 베푸신 이적들을 통해 우리가 얻을 수 있는 교훈은 무엇입니까?

3. 마태복음 8:17을 읽으십시오. 어떤 메시아입니까?

4. 산상보훈을 말씀하시고 산에서 내려오신 주님이 하신 첫 번째 행위는 무엇입니까?

*모세가 시내산에서 이스라엘 백성들이 어떻게 살아야 하는지를 말했던 것처럼, 이제 예수님은 산에서 예수님의 제자의 삶의 모습이 어떠해야 하는지를 말씀하셨습니다. 이제 8장부터는 산에서 내려오시며 예수님의 행위사역이 시작됩니다. 그분은 말씀만 잘하시는 분이 아니었고, 행동하는 메시아였습니다. 예수님의 제자로서 우리들도 말만 잘하는 그리스도인이 되어서는 안 됩니다. 행동이 따르는 제자가 되어야 합니다.

이 귀한 책을 기쁘게 추천합니다

한국교회에 어린이 교회학교가 침체되어 있는 이때에 희망의 불씨가 되고 있는 이찬용 목사님의 신간을 정말로 축하드립니다. 이 책은 신앙과 세상의 길목에서 흔들리는 독자들의 마음에 확신을 심어주는 삶의 지침서가 될 것입니다.

식과 법이 옳으면 맞는 답이 나옵니다. 바른 믿음의 원리가 되는 책을 추천하는 행복을 준 이찬용 목사님에게 감사드립니다.

이찬용 목사님은 교사가 중요함의 인식을 뛰어넘어 실천적으로 끊임없이 연구하고 실험합니다. 그렇게 얻은 결과물을 본인 교회만 누리는 것이 아니라, 아낌없이 나눠주는 그 마음에 감사합니다. 이번에는 교사들을 재무장시켜 줄 귀한 책이 출간되었습니다. 물론 교사가 아닌 성도들에게도 신앙에 매우 유용한 내용들입니다. 이 책을 통하여 교사들이 더욱 기본을 튼튼히 할 수 있을 것입니다.

예레미야 5장 1절은 한 사람을 애타게 찾으시는 하나님의 마음을 볼 수 있습니다. 이 책을 통하여서 영혼을 구원하는 한 사람을 세우기 위해 몸부림치는 한 목사의 열정을 볼 수 있습니다.

다변화 시대 목회의 가장 효과적인 도구는 '기본기'와 '차별화'입니다. 이 책을 리딩하여 양날의 검을 지닌 리더로 쓰임 받으리라 믿어집니다.

교회 안에서 평신도 지도자들의 영향력은 아무리 강조해도 부족합니다. 저자가 제시하는 12가지 주제는, 성경의 핵심적 가치들을 자신이 섬기는 교회 평신도 지도자들과 함께 온 몸으로 살아낸 결과물이라 할 수 있습니다. 교사와 구역장들이 먼저 읽고 적용한다면 교회의 영적 성장과 부흥에도 크게 기여하리라 기대됩니다.

그리스도인들이 가장 많이 받는 질문을 명쾌하게 대답할 수 있는 최고의 책으로 추천합니다.

"Return to the Gospel! 복음으로 돌아가라!"는 저자의 몸부림을 볼 수 있을 것입니다.

복음의 기초가 튼튼해야 성숙한 신앙인이 될 수 있습니다.

지금 다시 복음으로 무장합시다. 복음만이 마지막을 준비하는 신앙의 길입니다.

노련한 여행객의 손에는 언제나 지도와 가이드북이 들려있는 것을 봅니다. 많은 실수를 통해 얻게 된 지혜겠습니다. 하물며 험난한 신앙의 여정을 가는 신앙인에게 이런 지도와 가이드북이 없다면 큰일입니다. 이찬용 목사님의 책 《그대가 내게 묻는다면》은 신앙의 오솔길을 거닐다 길을 잃어버리지 않게 해줄 수 있는 귀한 책입니다.

성경은 행함이 없는 믿음은 죽은 믿음이라고 정의 합니다. 많은 사람들이 말은 거창하게 하는데 삶이 따라주지 않아 실망을 던져주는 경우가 많습니다. 이찬용 목사님이 쓴 책 속에는 신행 일치의 삶이 녹아 있습니다. 그런 삶의 흔적을 진하게 느낄 수 있는 책입니다.

옛 어르신들의 말씀 가운데 "깊은 곳의 샘물은 보약과 같다"라는 말의 뜻은 깊은 곳의 샘물은 어떠한 오염 물질이나 불순물질이 전혀 섞이지 않은 순수한 물의 가치를 지니기에, 사람의 몸에 꼭 필요한 영양분만 공급되기 때문입니다. 그렇기에 여기 신앙과 삶의 깊은 곳에서 우러나오는 저자의 글들은, 오늘을 살아가는 우리 모두에게 삶과 영혼을 살리는 너무나도 풍부한 영양들로 가득 찬 글이므로, 이 책을 읽는 모든 독자들에게 영혼의 갈급함이 해결되며 새로운 영적능력으로 채워지기에 충분하기에 기꺼이 추천해드립니다.

　이찬용 목사님을 만날 때마다 본질에 충실하며 본질 위에 세우는 교회의 모델을 볼 수 있어서 감사했습니다. 그 이야기를 들을 수 있는 이 책은 우리 모두의 가슴을 열정으로 뛰게 할 것입니다.

　공감...

　이 단어는 같은 마음을 나누는 것입니다 공감은 종종 동정이 되기 쉬운 단어입니다. 예를 들면, 어려운 사람의 이야기를 들으며 혀를 차거나 한숨을 지을 때입니다. 그러나 공감은 같은 꿈과 같은 생각을 공유하는 것입니다. 나는 언제나 이찬용 목사와 공감을 나눕니다. 그래서 함께하면 아무리 어려운 이야기라도 서로 신바람이 납니다. 복음의 본질에서 벗어난 적이 없는 사람, 그래서 복음이 주는 기쁨을 언제나 나누며 신바람이 나 있는 이찬용 목사를 만나기 때문입니다. 이 책은 그의 마음 깊은 곳의 샘의 근원에서 나오는 고백입니다. 한마다 한마디 나는 그것을 공감합니다. 복음으로 무장된 구역장과 교사를 생각하며 싱글벙글한 이찬용 목사의 얼굴이 떠오릅니다. 다시 복음이 주는 행복한 사역을 꿈꾸는 모든 사람들의 필독서로 공감이 될 것입니다.

　눈을 크게 뜨게 해주는 좋은 책을 출판하심을 축하합니다. 이 책은 오염되고 혼란한 신앙의 삶에 필터링이 되게 하여 영혼을 정화시키는 내용으로 가득 차 있습니다. 막막하고 답답하여 숨

막히는 목회 현장에 생기를 넣어주는 산소 같은 책입니다. 포기 대신 변화를 선택하게 하고 미래에 희망의 길이 될 내용으로 가득 차 있습니다. 신앙정리의 디딤돌이 되게 할 책을 출판한 이찬용 목사님께 감사드립니다. – 예수마을교회 장학일 목사

흔들리며 사는 인생이 모두의 것이긴 하겠지만 바람이 불어올 때마다 더 깊이 믿음의 뿌리를 내리려 몸부림친다면 어찌 흔들리는 인생이라 하겠습니까? 여기 뿌리 깊음을 꿈꾸는 아름다운 한 목회자의 삶이 주는 메시지가 있습니다. 말씀을 듣다가 믿음으로 일어서고 싶은 열망이 생깁니다. 동료 목회자로서 기쁘고도 뿌듯합니다. – 강북제일교회 황형택 목사

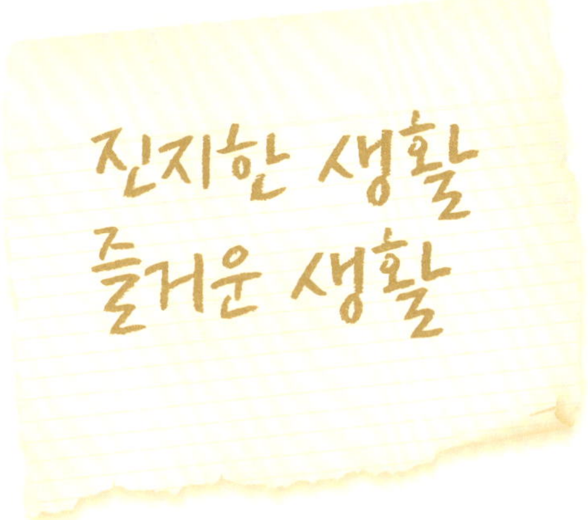

아동부, 중고등부
새내기 여행

청년부
새내기 여행

꿈을 먹고
살지요

우리들의
여름 이야기

파자마토크

아동부
프렌즈데이

중고등부
컴앤씨

성인식 여행

사랑부
핸썸데이

독서 마라톤

하면 즐겁습니다.
사랑데이

종합 성경 연구

성경 책별/주제별 연구를 위한 최상의 참고서!

1,000가지 넘는 메시지 요약묵상 자료/성경연구 자료서!

로버트 보이드 박사 지음

윌밍턴 본문중심 성경연구

적/역사적/신학적/과학적 방법을 동시에 사용하여
성경개요를 한 눈에 파악 할 수 있도록 하여,
성경의 흐름을 많은 도표와 그림을 통해 시각화 한 책!

리버티대학교 헤롤드 L. 윌밍턴 박사 지음

《맞춤형 30일간 무릎기도문 시리즈》

염려대신 기도합시다! 기도하면 문제가 해결됩니다!

동아일보 - 2016년 2월 4일자

가정❶ 자녀를 위한 무릎기도문
가정❷ 가족을 위한 무릎기도문
가정❸ 남편을 위한 무릎기도문
가정❹ 아내를 위한 무릎기도문
가정❺ 태아를 위한 무릎기도문
가정❻ 아가를 위한 무릎기도문
가정❼ 재난재해안전 무릎기도문 (부모용)
가정❽ 재난재해안전 무릎기도문 (자녀용)
가정❾ 십대의 무릎기도문 (십대용)
가정❿ 십대자녀를 위한 무릎기도문 (부모용)

교회❶ 태신자를 위한 무릎기도문
교회❷ 새신자 무릎기도문
교회❸ 교회학교 교사 무릎기도문

365❶ 우리 부모님을 지켜 주옵소서 (365일용)
365❷ 번성하게 하고 번성하게 하소서 (365일용)
365❸ 자녀축복 안수 기도문 (365일용)

기도❶ 선포(명령) 기도문

망망한 바다 한가운데서 배 한 척이 침몰하게 되었습니다.
모두들 구명보트에 옮겨 탔지만 한 사람이 보이지 않았습니다.
절박한 표정으로 안절부절 못하던 성난 무리 앞에 급히 달려 나온 그 선원이
꼭 쥐고 있던 손바닥을 펴 보이며 말했습니다.
"모두들 나침반을 잊고 나왔기에 … "
분명, 나침반이 없었다면 그들은 끝없이 바다 위를 표류할 수 밖에 없을 것입니다.

우리는 삶의 바다를 항해하는 모든 이들을 위하여
그 나침반의 역할을 하고 싶습니다.
우리를 구원하신 위대한 주 예수 그리스도를 널리 전하고 싶습니다.

"하나님은 모든 사람이 구원을 받으며
진리를 아는 데에 이르기를 원하시느니라"
(디모데전서 2장 4절)

그대가
내게
묻는다면

크리스천 이라면
꼭 알아야 할 12가지

지은이 │ 이찬용 목사
발행인 │ 김용호
발행처 │ 나침반출판사

제1판 발행 │ 2018년 3월 1일

등   록 │ 1980년 3월 18일 / 제 2-32호
주   소 │ 07547 서울특별시 강서구 양천로 583
         블루나인 비즈니스센터 B동 1607호
전   화 │ 본사 (02) 2279-6321 / 영업부 (031) 932-3205
팩   스 │ 본사 (02) 2275-6003 / 영업부 (031) 932-3207
홈   피 │ www.nabook.net
이 메 일 │ nabook@korea.com / nabook@nabook.net

ISBN   978-89-318-1556-6
책번호 다-1134

값은 뒷표지에 있습니다.